Horst Petri

Der Wert der Freundschaft

Horst Petri

Der Wert der Freundschaft

Schutz, Freiheit und Verletzlichkeit
einer Beziehung

Kreuz

Bibliografische Information der Deutschen Bibliothek
Die Deutsche Bibliothek verzeichnet diese Publikation in der Deutschen Nationalbibliografie; detaillierte bibliografische Daten sind im Internet über http://dnb.ddb.de abrufbar

Kreuz Verlag, Stuttgart
in der Verlagsgruppe Dornier GmbH
Postfach 80 06 69, 70506 Stuttgart

www.kreuzverlag.de
www.verlagsgruppe-dornier.de

Umschlagfoto: © JL de Zorzi/CORBIS
Umschlaggestaltung: P.S. Petry & Schwamb, Agentur für Marketing und Verlagsdienstleistungen, Freiburg
Autorenfoto: © Ute Karen Seggelke, Hamburg
Satz: de·te·pe, Aalen
Druck: GGP Media GmbH, Pößneck

ISBN 3-7831-2506-5

Inhalt

Einleitung

Es schneite ununterbrochen. Meine Freundin Dagmar, Klaus und ich saßen in der winzigen Hütte fest, zu der wir am Wochenende zum Skifahren hochgestiegen waren. In der Nacht begann Dagmar zu bluten. Sie war im dritten Monat schwanger. Am nächsten Tag sammelte sie das Blut in einem Eimer, um den Verlust zu kontrollieren. Vor dem Haus türmte sich der Schnee. Dagmar blutete weiter. Am Abend zeigte sie uns den Eimer. »Wir müssen sofort los«, sagte Klaus ruhig. Die Rucksäcke auf dem Rücken, die Skier auf den Schultern und Dagmar in unserer Mitte stützend kämpften wir uns im Licht der Taschenlampen durch die Schneemassen den Berg hinunter bis zur Straße. Wir legten Dagmar auf den Rücksitz von Klaus' Wagen. Sie schlief sofort ein. »Weck sie«, sagte er, als wir losfuhren. Ein notdürftig geräumter Pass. »Dagmar!« Ich schüttelte sie, aber sie regte sich nicht. »Ich glaube, sie ist ohnmächtig geworden.« Klaus trieb das Auto schlingernd durch die Kurven. Im Scheinwerferlicht tauchten Schneewehen und kleine Lawinen auf, die die Straße verlegten. Er hielt direkt auf sie zu, durchschnitt sie, Schneewolken stürzten sich auf die Windschutzscheibe, dann wieder freie Sicht. Wir erreichten das nächste Kreiskrankenhaus. Dagmar bekam mehrere Bluttransfusionen und überlebte.

Der Gedanke zu einem Buch über Freundschaft überfiel mich unerwartet auf einer Ägyptenreise. Wir saßen auf dem Oberdeck des Kreuzschiffes und betrachteten die vorbeiziehenden Siedlungen aus Lehmhütten und Schilfdächern zwischen Palmen- und Bananenplantagen entlang des Niltals, Fellachen auf den Feldern hinter ihren Ochsengespannen,

Ziegenherden, beladene Esel, spielende Kinder. Dahinter die weißen Bergmassive der ins Unendliche reichenden Lybischen Wüste. Wie können diese Menschen überleben, wie haben sie über Jahrhunderte, über Jahrtausende den Wechsel von Dürre und Überschwemmungen überlebt, die Vernichtung ihrer Ernten, die Epidemien und die räuberischen Feldzüge aus Nord und Süd, aus Ost und West? Die Familien alleine waren nicht stark genug, dachte ich, sie mussten Freunde haben, persönliche und das Gemeinwesen umspannende Freundschaften, um immer wieder ihre Existenz der Ungunst der Verhältnisse abzutrotzen. Freundschaft. Welches Rätsel, welches Geheimnis verbirgt sich hinter ihr?

Bei meinen tastenden Fragen tauchte assoziativ als erstes das Erlebnis mit Dagmar und Klaus in mir auf. Überrascht versuchte ich zu ergründen, warum es diese Macht hatte, obwohl es vierzig Jahre zurücklag. Sicher, mit Klaus hatte ich knapp ein Jahr lang täglich mehrere Stunden am Operationstisch gestanden, beim Mittagessen chirurgische Techniken erörtert, über Kollegen gelästert und an den seltenen freien Nachmittagen Tennis gespielt. Beim Personal galten wir als dicke Freunde. Unsere Spuren verliefen sich, als wir aus beruflichen Gründen die Klinik und die Städte wechselten. Aber die Geschichte mit Dagmar hat sich tief in mein Gedächtnis eingegraben, vielleicht, weil sich in ihr ein Archetypus der Freundschaft manifestierte. Das unbedingte Vertrauen in einer lebensbedrohlichen Situation, die fast sprachlose Verständigung über das Selbstverständliche, was zu tun war, und der bedingungslose Einsatz des eigenen Lebens, um ein anderes zu retten, ohne Einschränkung, ohne Ausrede, ohne Flucht in falsche Alternativen, wurde zur prägenden Erfahrung eines Freundschaftsbeweises, wie ich ihn in dieser absoluten Form bisher erst einmal erleben konnte. Dennoch wird diese Erfahrung das Buch leitmotivisch begleiten, auch wenn mir bewusst ist, dass mit ihr eine Grenzsituation aufscheint, die nur in Ausnahmen Freundschaften auf die Probe stellt.

Erst als ich mich an die Arbeit machte und die Literatur über Freundschaft durchstöberte, wurde mir klar, worauf ich mich eingelassen hatte. Die Philosophie, die Sozialwissenschaften und die Psychologie haben, obwohl man die exakte Freundschaftsforschung erst mit Beginn der 70er Jahre des vorigen Jahrhunderts ansetzt, einen Berg an Abhandlungen, Untersuchungen und Theorien über das Phänomen produziert, den bis zum Gipfel zu besteigen ein hoffnungsloses Unterfangen wäre. Hinzu kommt eine kaum überschaubare Flut an belletristischer Literatur und an Filmen, die die Faszination der Freundschaft widerspiegeln. Das verstärkte Interesse an dem Thema verdankt sich besonders den Traditionsbrüchen in unserer Zivilisation, durch die Freundschaft zu einer neuen Überlebensstrategie geworden ist.

Aus allen Gründen musste ich mir einen eigenen Weg durch das Dickicht bahnen. Das Inhaltsverzeichnis verweist auf die Schwerpunke, die ich dabei gesetzt habe.

Meinen Dank fasse ich kurz, weil er zu lang ausfallen würde, wenn ich alle meine Freundinnen und Freunde aus der Vergangenheit und Gegenwart namentlich nennen würde, die mein Leben in unermesslicher Weise bereichert haben, wenn ich alle Philosophen, Wissenschaftler, Schriftsteller und Filmemacher erwähnen und alle Patienten aufzählen sollte, ohne die das Buch nie entstanden wäre. Ihnen allen möchte ich meinen Dank – ein großes Thema der Freundschaft – hier mit Nachdruck sagen.

Besonders danke ich meiner Lektorin Heike Neumann für ihre engagierte und sympathische Begeisterungsfähigkeit bei der Förderung des Projektes.

Berlin, im November 2004 Horst Petri

I. »Ich schenk dir meine Puppe«
Erste Freundschaften in der Kindheit

Der erste Tag im Kindergarten war für Louisa ein Alptraum. Die Mutter musste sie lange im Arm halten, gut zureden, die vielen Tränen vom Gesicht wischen und mehrfach versichern, dass sie sie in ein paar Stunden wieder abholen werde. Eine Ewigkeit. Eine Erzieherin nahm Louisa freundlich an der Hand und führte sie in den Raum, einen brodelnden Hexenkessel aus herumtobenden Kindern und ohrenbetäubendem Lärm. Louisa setzte sich in eine hintere Ecke, presste ihren Teddybär an sich und weinte. Kein Kind kümmerte sich um sie, und auch die Erzieherinnen gaben es bald auf, sie zum Mitspielen zu ermuntern. Sie ließen ihr Zeit zur Eingewöhnung.

Der Sprung aus der ruhigen Geborgenheit in der Familie und dem heimischen Gefühl des eigenen Spielzimmers in die lärmende Unvertrautheit der Außenwelt mit ihren fremden Erwachsenen und einer bedrohlich erlebten Kinderschar bedeutet die erste existentielle Erfahrung von Verlorenheit und Unbehaustheit. Jedes Kind muss diese Schwelle überschreiten und die dabei auftretende Angst überwinden lernen. Seine Entwicklungsaufgabe spätestens um das dritte Lebensjahr besteht in der Ausweitung des familiären Schonraums in die Ungeschütztheit des gesellschaftlichen Umfeldes hinein.

Am zweiten Tag wiederholt sich das lange Abschiedzeremoniell zwischen Louisa und ihrer Mutter. Louisa verkriecht sich wieder in ihrer Ecke, weint aber nicht mehr, sondern beobachtet aus der Distanz neugierig das Treiben um sich herum. Ein Junge kommt auf sie zu, plappert unverständliches Zeug, reißt ihr den Teddy aus dem Arm und läuft weg. Jetzt muss Louisa doch weinen. Durch die Tränen hindurch kann sie noch sehen, wie ein Mädchen dem Jungen hinterherläuft. Plötzlich sitzt es neben ihr und gibt ihr den Teddy zurück. Louisa strahlt und schaut das Mädchen lange an, die lockigen blonden Haare, die freundlichen Augen. Es legt den Arm um ihre Schultern. Lange sitzen sie so, ohne zu sprechen. Dann steht das Mädchen auf, zieht Louisa an der Hand hoch und geht mit ihr an den Tisch, auf dem Malpapier und Buntstifte liegen. »Komm, wir malen ein Haus.« Als die Mutter Louisa an diesem Tag abholt, erkennt sie ihre Tochter nicht wieder, so fröhlich ist sie.

In einer neueren Arbeit über »Kinderfreundschaften« benutzt Karin Merkens den Begriff gleichbedeutend mit »Beziehungen«, »Kontakten« oder »Interaktionen« zwischen Kindern. Sie beruft sich dabei auf die moderne Forschung, in der Kinderfreundschaften mit Kinderbeziehungen gleichgesetzt werden, da in diesem Alter allein der wechselseitig sozialisierende und erzieherische Einfluss unter Kindern entscheidend sei.[1] Dieser Ansatz geht aus psychologischer Sicht am Verständnis von Kinderfreundschaften weit vorbei. Er berücksichtigt vor allem nicht die Urerfahrungen und Urbilder für alle späteren Freundschaften, die in ihren prägenden Grundmustern bereits in der Kindheit angelegt werden.

Zweifellos haben die Interaktionen zwischen Louisa und dem Jungen, nennen wir ihn Max, und dem Mädchen, die hier Ana heißen soll, für alle drei einen erzieherischen Effekt, weil sowohl positive wie negative Erfahrungen den bisherigen Erlebnishorizont erweitern und korrigieren und dadurch soziale Lernprozesse befördern. Nicht umsonst empfiehlt man, im Unterschied zu früheren Vorstellungen, heutigen Eltern, sich in Zank, Streit und Raufereien von Geschwistern möglichst nicht einzumischen, da sonst die selbststeuernden Funktionen bei der Austragung von Konflikten behindert werden.

Aber die Begegnung von Louisa, Max und Ana unterscheiden sich auf eine grundsätzliche Weise. Sie betrifft die ursprüngliche Erfahrung von »gut« und »böse«, die bereits ab der Geburt einsetzt und als die wichtigste aller Wertorientierungen unser Leben bestimmt.[2] Mit Überschreiten der Schwelle zwischen Familie und gesellschaftlichem Raum betritt Louisa ein ihr fremdes Land, das ihr zunächst als »böse« erscheint, weil sie sich in ihm noch nicht auskennt und von unbekannten Gefahren bedroht fühlt. Alles Fremde macht zuerst Angst, nur das Vertraute schafft Sicherheit. Wie berechtigt ihre Angst doch war! Schon am zweiten Tag im Kindergarten tritt ihr das »Böse« in Gestalt von Max entgegen. Er entreißt ihr den Teddy, das sie beschützende Tier, und liefert sie dadurch noch stärker ihrer Ohnmacht aus. Aber schon eilt das »Gute« zu Hilfe. Ana bringt ihr nicht nur das Symbol der tröstenden Sicherheit zurück, sondern unterstreicht diese durch ihre Friedlichkeit und körperliche Nähe. Erst jetzt wagt Louisa, sich den ihr unbekannten Raum in noch zaghaften Schritten zu erobern. Indem sie mit Ana an den Tisch geht und mit den Malsachen hantiert, überwindet sie ihre Angst und nimmt den ersten Kontakt mit der fremden Welt auf. Ana wurde für sie zum Brückenkopf, über den sie die Klippe in einen neuen Lebensabschnitt überwinden konnte.

Von der Säuglings- und Kleinkindforschung wurde in den letzten Jahrzehnten die Trennung von der Mutter und die ersten Schritte zur Autonomie und Individuation ab dem ersten Lebensjahr mit all ihren schmerzhaften Trennungsängsten und Ambivalenzen bis ins Einzelne erforscht. Aber bei allem wissenschaftlichen Interesse an der Familie und der zentralen Bedeutung der Eltern-Kind-Beziehung wurde offenbar bisher die Frage zu wenig berücksichtigt, wie Kinder den schwierigen Ablösungsprozess vom Elternhaus im Kindergartenalter und den Übergang zur äußeren Welt bewältigen. Ganz offensichtlich ist doch die Aufgabe des Kindes, die schützende Hülle der Familie zu verlassen und damit alleine einer Außenwelt ausgesetzt zu sein, die mit ihren unbekannten Gesetzen als beängstigend und deswegen primär als feindlich erlebt wird, von ähnlichen Erschütterungen des seelischen Gleichgewichts begleitet wie die ursprüngliche Ablösung von der Mutter.

Heute kennen alle Eltern die wichtige Funktion so genannter »Übergangsobjekte«, wie Nuckel, Bettzipfel, Windeln, weiche Tücher, Knautschtiere oder Stoffpuppen, die Kleinkinder über die zeitweilige Abwesenheit der Mutter hinwegtrösten und seine Verlassenheitsängste abmildern sollen. Sie können sich einfühlen, statt, wie in früheren Zeiten, solche »schlechten Angewohnheiten« zu unterbinden. Auch die Erzieherinnen in Louisas Kindergarten erlaubten ihr, den Teddybär mitzubringen und ihn nicht als fremdes Spielzeug zu verbieten.

An dieser Stelle setzen die Ursprungserfahrungen von Freundschaft in der Kindheit ein. Freundschaften als lebendige Übergangsobjekte. Ana wird für Louisa in einer Situation hilfreich, tröstend, beschützend, angstmildernd und zur Aktivität ermutigend, in der diese noch von den fremden und, verkörpert durch Max, von den aggressiven Eindrücken der Umwelt überwältigt ist. In dieser Krise verkörpert Ana die Summe des »Guten«, mit dem sich der Kampf gegen das »Böse« aufnehmen lässt.

Anders als die Wissenschaft hat die Kinderliteratur spätestens seit den beiden großen, noch heute klassischen Romanen von Mark Twain, dem »Tom Sawyer« von 1876 und dem »Huckleberry Finn« von 1884 die zentrale Bedeutung von Kinderfreundschaften entdeckt. Die Sensibilität zahlloser Schriftsteller bei diesem Thema ist, wie bei vielen anderen Fragen menschlicher Schicksale, tiefgründiger angelegt als die oft nachhinkende Wissenschaft. Die Kinderliteratur illustriert in immer neuen Varianten, was Kinderfreundschaften von normalen Beziehungen in diesem Alter unterscheidet. Durch innere Nähe und Vertrauen lockern sie die Bindung ans Elternhaus, kompensieren familiäre Defizite und Katastrophen, fördern den schrittweisen Übergang zur Außenwelt und bewältigen durch gemeinsames Handeln deren Gefahren. Durch allerlei Spaße, Streiche und freche Provokationen, die nur in vereinter Freundschaft gewagt werden, erproben Kinder ihre Widerstandskräfte und ihren Mut, es mit der Welt der Erwachsenen aufzunehmen. Die Abenteuergeschichten, von denen die Kinderliteratur reich ist, sind Geschichten der Freundschaft, die vom Kampf gegen die eigenen Ängste und von der Überwindung äußerer Schwierigkeiten und Gefahren erzählen. Sie beschreiben Bewährungsproben als Reifungsschritte, um das kindliche Ich aus seiner frühen Abhängigkeit herauszuführen und zur Autonomie zu ermutigen. Diese von Kinderbuchautoren erfasste revolutionäre Qualität und Funktion von Kinderfreundschaften ist der Wissenschaft bisher entgangen. In ihrer traditionellen Haltung bleibt sie an durchschnittlichen Kinderbeziehungen orientiert, weil bei deren sozialisierendem Einfluss der Aspekt der Anpassung an vorgegebene Verhaltensnormen im Vordergrund steht. Ihre Notwendigkeit soll hier nicht in Frage gestellt werden; aber auch das Aufbegehren gehört bereits ab der Kindheit zur Herausbildung einer unabhängigen Persönlichkeit, für die die Unterstützung durch Freunde unentbehrlich ist.

Inzwischen sind aus Louisa und Ana zwei richtige Freundinnen geworden. Ihre erste gemeinsame Tat war das Malen eines Hauses, ein symbolischer Akt, mit dem sie sich draußen in der Welt einen Ort der Vertrautheit und Geborgenheit schufen, einen Ersatz für etwas, das sie in langsamen Schritten aufgeben mussten. Seitdem spielten sie im Kindergarten meistens zusammen. Manchmal durften auch andere Kinder mitspielen, aber die spürten bald, dass sie nicht richtig dazu gehörten. Eines nachts und dann ganz oft durften Louisa bei Ana und Ana bei Louisa übernachten. Ihre Eltern freuten sich über das enge Band, das zwischen ihnen entstand. Sie schliefen meist in einem Bett, erzählten sich dort lange Geschichten und lagen beim Schlafen eng umschlungen zusammen. An den Nachmittagen nach dem Kindergarten fütterten sie ihre Haustiere, zogen ihre Puppen an und aus, mischten sich mit Milch, Zucker, Kakao und Rosinen aus Louisas Küchenladen eine süße Pampe, die sie genüsslich verzehrten, und gingen anschließend zum Schaukeln auf den Spielplatz. Gestern geschah etwas Besonderes. Mitten im vertieften Spiel reichte Ana Louisa ihre liebste Puppe Helene: »Die schenk' ich dir!« Sie brauchte kein Übergangsobjekt mehr, sie hatte jetzt ja ihre Freundin. Louisa war überglücklich, denn mit der Puppe konnte sie ein kleines Fleckchen von Anas innerer Welt in Besitz nehmen. So wurde diese zu einem Teil von ihr selbst und, weil sie Einzelkind war, noch zu einer ersehnten Ersatzschwester.

Louisa ging immer öfter zu Ana, weil es in deren Familie mit den beiden Brüdern viel lustiger war, als alleine zu Hause zu sein. Je älter sie wurden, umso enger wuchsen sie zusammen, tauschten ihre Geheimnisse aus und ihren Kummer. Sie kamen in die gleiche Schule, saßen in der Klasse nebeneinander, zeigten sich, wie man Worte richtig schrieb, und bei den Rechenaufgaben wusste Louisa immer zuerst, wie viel zwei plus drei sind, und half Ana. Irgendwann fiel ihr auf, dass Ana öfter mit einem anderen Mädchen sprach, mit ihm lachte und beide sich an einem Nachmittag verabredeten, ohne Louisa mitzunehmen. Zu Hause weinte sie bittere Tränen, ohne der Mutter den Grund zu nennen. Am Abend und in den nächsten Tagen aß sie fast nichts, spielte nicht mehr und war in der Schule wie abwesend.

Wenn man sich selbst nicht mehr an die ganz frühen Freundschaften in der Kindheit erinnert, weil sie durch spätere Erfahrungen überlagert wurden, so wird einem spätestens bei den eigenen Kindern oder im pädagogischen Alltag die Bedeutung von Kinderfreundschaften wieder bewusst.

Sie sind nicht einfach nur unreife Vorläufer späterer Freundschaften, sondern deswegen so anrührend, weil sie bereits das gesamte Gefühlsspektrum enthalten, das Freundschaften kennzeichnet, und das Kinder noch spontan, echt und unverstellt zum Ausdruck bringen die Freude, das Glück, außerhalb der Familie einen Menschen gefunden zu haben, den man mag und der einen versteht, und die ganze Verzweiflung, die Katastrophe, wenn man von ihm verlassen wird.

Eltern freuen sich mit und leiden mit, weil sie spüren, dass mit der Freundschaft etwas gänzlich Neues ins Leben ihres Kindes getreten ist, etwas Schicksalhaftes, das seine Gefühlswelt voll beansprucht. Louisa konnte stundenlang davon erzählen, was Ana gesagt und getan hat, erzählte von deren Eltern und Brüdern. In den Ferien war sie traurig, sich für einige Wochen von ihr trennen zu müssen, sie zählte die Tage, wann sie sich wieder sehen würden. Vor solchen Trennungszeiten tauschten die beiden ihre Pullover aus, die sie dann täglich trugen.

Solange Kinder nur zu Hause sind, fühlen sie sich dort geschützt und geborgen. Kleinkinder überbrücken kurze Trennungen, wie wir sahen, mit Übergangsobjekten. Je älter sie werden, umso mehr identifizieren sie sich mit den Eltern. Die Identifikation, die Fähigkeit, sich wie der andere zu fühlen, und die Einbildung, so zu sein wie er, so liebevoll und fröhlich wie die Mutter, so groß und kräftig wie der Vater, gehört zu der glücklichen seelischen Ausstattung des Menschen, sein kleines Ich zu erweitern und stärker zu machen. Das Kind fühlt sich weniger hilflos seinen Ängsten ausgeliefert, wenn es sich in der Phantasie Eigenschaften der Eltern aneignen kann, die ihm bei der Lebensbewältigung helfen, und die es sich im Laufe der Entwicklung auch real anverwandelt.

Die Erkenntnisse der Tiefenpsychologie gehen noch einen Schritt weiter. Der Identifikation folgt die Introjektion, die Einverleibung des Objektes. Indem das Kind Teile der Mutter oder des Vaters in sich aufnimmt, in sich quasi verkörpert, werden seine seelischen Strukturen um das ausgebaut und gestützt, was in der Fachsprache als Objektrepräsentanz bezeichnet wird. Es handelt sich dabei um eine von außen nach innen verlagerte Instanz, die die Funktion hat, das eigene Selbst stabiler zu machen. Die Theorie erscheint weniger spekulativ, wenn man sie an der praktischen Erfahrung mit unseren inneren Stimmen überprüft. Jeder Mensch kennt sie, führt Dialoge mit ihnen und wird in seinem Befinden und Verhalten bewusst und unbewusst von ihnen bestimmt. Es sind meistens die verinnerlichten Elternbilder, die uns, weit über den Tod der Eltern hinaus, im positiven Fall Sicherheit und Selbstvertrauen verleihen.

Diese Grundmuster menschlicher Kommunikation und Reifung, die Identifikation und die Introjektion, bleiben nicht auf die Erfahrungen in der Familie, auf die Eltern und Geschwister beschränkt. Wenn das Kind die ersten Schritte in die Welt tut, reichen die verinnerlichten Eltern oft nicht aus, das Selbst gegen Unsicherheit und Gefahren zu schützen. Es muss weitere Anker auswerfen, um Halt zu finden. Aber die Anker halten nur auf festem Grund. Das ganze Gefühls- und Verhaltensspektrum, das sich in Kinderfreundschaften entfaltet, Liebe, Vertrauen, Anerkennung, körperliche Nähe, Zusammengehörigkeit und gemeinsames Handeln, sind nach außen hin verlängerte familiäre Erfahrungen über das eigene Selbst und den anderen, in denen sich wiederholt und fortsetzt, was ursprüngliche Sicherheit versprach. Einen solchen festen Grund findet das Kind nicht in geläufigen Beziehungen, sondern in dem glücklichen Wechselspiel verwandter seelischer Kräfte, deren magische Anziehung das Einzigartige jeder Kinderfreundschaft ausmacht. Dabei identifizieren sich die Kinder wesentlich stärker miteinander, als sie es in gewöhnlichen Bekanntschaften tun, und verinnerlichen den anderen als gutes tragendes Objekt.

Dieser Prozess endet für Louisa auch dann nicht, wenn Ana sich einer anderen Freundin zuwendet. Die frühe Erfahrung, eine Freundin zu brauchen, sie auch gewinnen zu können und die Freundschaft viele Jahre gehalten zu haben, bleibt ihr als Geschenk und als Zuversicht, auch danach neue Freundinnen zu finden. Die prägende Begegnung mit Ana wandert unauslöschlich in sie ein, und die geliebte und verlorene Freundin mischt sich in den Chor der inneren Stimmen, die zu stetigen Begleitern werden.

Noch etwas anderes lehren uns Kinderfreundschaften, was auch für Freundschaften in späteren Lebensphasen charakteristisch ist – sie sind in der Regel gleichgeschlechtlich. Die amerikanische Psychologin Eleanor Maccoby ist im Rahmen der neueren Geschlechterforschung in einer gründlichen Studie den Fragen nachgegangen, was es mit der oft behaupteten »Gleichheit« der Geschlechter auf sich hat, oder ob nicht doch ihre »Differenz« größer ist, als es dem kulturellen Streben nach einem gleichberechtigten Ausgleich lieb sein kann. Ihre Ausgangsfragen lauteten: Ab wann wird der Geschlechtsunterschied erkennbar, in welcher Form äußert er sich und wie gestaltet er das spätere Verhältnis der Geschlechter mit? Zur Beantwortung konzentrierte sie sich auf die Grundlagenforschung zur Entstehung der Geschlechterdifferenz in der Kindheit. Internationale Vergleichsstudien in den Industrieländern, den Ländern der Dritten Welt und transkulturelle Feldbeobachtungen in einigen noch existierenden Naturvölkern zeigen eine überraschend hohe Übereinstimmung in folgenden Punkten: Die »Geschlechtertrennung« beginnt nach dem dritten Lebensjahr und hat um das sechste Lebensjahr bereits eine fest verankerte Struktur angenommen.

Die markantesten Unterschiede zwischen Mädchen und Jungen betreffen die Formen der Gruppenbildung, das Spielverhalten und die Interaktion. Kennzeichnend für beide Geschlechter ist ihr Zusammenschluss zu gleichgeschlechtlichen Peergruppen und Freundschaften. Im Spielverhalten bevorzugen Mädchen unaggressive Rollenspiele und als weiblich definierte Requisiten, während bei Jungen wilde, motorisch aktive und körperbetonte Spiele dominieren. Bei der Interaktion neigen Mädchen mehr zu einem kommunikativen, kompromissbereiten und Konflikte abschwächenden Beziehungsstil; die Interaktion von Jungen in der Peergruppe und unter Freunden ist dagegen stark durch Rivalisieren, Dominanzstreben, die Bildung von Hierarchien und körperliche Auseinandersetzungen bestimmt – Beziehungsformen, die Macobby zu Recht für die Sozialisierung des bei Jungen und Männern stärker ausgeprägten Aggressionspotentials als unentbehrlich einschätzt.[3]

Andere Forscher sprechen im Zusammenhang von Peergruppen und Freundschaften im Kindesalter von gleichgeschlechtlichen »Kindergeflechten«, von Netzwerken aus meist fünf bis acht Kindern, die für jedes Kind ein Reservoir für engere Freundschaften bilden. Sie existieren in der Regel über längere Zeiträume und ermöglichen dadurch den gelegentlichen Wechsel von Freunden.[4]

In den Kapiteln über Frauen- und Männerfreundschaften werden wir sehen, wie sich diese frühen Kindheitskulturen aus der Einheit von biologischer Prägung, dem sozialen Einfluss der Kindergruppe und der Orientierung, Nachahmung und Identifizierung mit den geschlechtstypischen Verhaltensmustern von Familie und Gesellschaft in Erwachsenenfreundschaften fortsetzen.

Aber jede Regel kennt Ausnahmen – unter Kindern und, wie sich zeigen wird, immer häufiger auch unter Erwachsenen. »Pünktchen und Anton«. Bereits 1930 hat Erich Kästner in seinem beliebten Kinderbuch das Klischee von der gleichgeschlechtlichen Freundschaft durchbrochen. Caroline Links gleichnamiger, in die Gegenwart übersetzter Film von 1998 kann nicht nur Kinderherzen erwärmen. Pünktchen hat steinreiche, beruflich sehr ehrgeizige, eitle und meist abwesende Eltern, die sich in die emotionalen Bedürfnisse und in die Einsamkeit ihrer Tochter kaum einfühlen können. Der vaterlose Anton lebt in ärmlichen Verhältnissen mit seiner allein erziehenden, sehr liebevollen Mutter zusammen. Aus diesem die heutige Realität breit widerspiegelnden Gegensatz zaubert die Drehbuchautorin und Regisseurin in enger Anlehnung an Kästners Absichten eine Kinderfreundschaft hervor, die deren Ideale von Mitgefühl, gegenseitiger Verantwortung und Unterstützung in phantasievollen und gänzlich unpathetischen Bildern ausleuchtet. Dabei scheinen sich Freundschaften zwischen Mädchen und Jungen durch ihre unterschiedlichen Gefühlslagen und Fertigkeiten in idealer Weise zu ergänzen. Natürlich nimmt die Geschichte von Pünktchen und Anton für beide und für ihre Eltern einen glücklichen Ausgang. Wofür sollten Kinderfreundschaften sonst gut sein?

Deswegen gehört es sicher zu den traurigsten Erfahrungen der Kindheit, wenn es einem Kind nicht bereits in diesem Alter gelingt, eine enge Bindung zu einem anderen zu leben und dadurch ein inneres Bild von Freundschaft in sich zu errichten. Oft kommen solche Kinder aus lieblosen oder zerstörten Elternhäusern und begegnen allem Neuen mit tiefen Misstrauen, weil ihr eigenes Selbstbild negativ stigmatisiert ist. Sie mögen einige Beziehungen zu anderen Kindern haben, aber ihr Selbstgefühl ist zu verletzt, als dass sie eine größere Nähe zulassen könnten. Die Selbstisolierung führt dann tragischerweise häufig zu einer Ausgrenzung durch die Gruppe der Gleichaltrigen, wodurch ihre Angst und Einsamkeit noch zunehmen. Solche Zirkel verfestigen sich im Laufe der Entwicklung und können auch im späteren Leben die Fähigkeit zu tieferen Freundschaften für immer blockieren.

II. »Wenn ich sie nicht gehabt hätte!«
Freundschaften in der Jugend

»Hilfe, wer bin ich?« – Die Turbulenzen der Pubertät

Wir erinnern uns oft nur schwach daran, wie schlimm diese Zeit war. Inzwischen sind wir erwachsen geworden und haben unsere Ordnung in der Welt gefunden. Aber damals? Es begann damit, dass unser Körper sich in einem Ausmaß und in einer Geschwindigkeit verwandelte, als habe ein böser Zauberer seine Hände mit im Spiel. Unter seinem Bann wuchsen uns Haare unter Achselhöhlen und in der Schamgegend, bei Jungen sogar im Gesicht. Mädchen fühlten, wie sich ihre Brust schmerzhaft vergrößerte, und erschraken unter den Krämpfen ihrer ersten Monatsblutungen. Jungen verloren ihre Kinderstimme und mussten sich das Lachen der anderen über das Krächzen und Holpern ihrer Sprache gefallen lassen. Und bei beiden schoss der Körper sprunghaft in die Höhe, als zerre jemand mit Gewalt die Knochen auseinander. Unter gewaltigen Hormonschüben wurde die Sexualität geboren. Unbekannte Phantasien, Lustgefühle und Erregungen suchten uns heim, und wenn wir sie heimlich durch Masturbation befriedigten, überfielen uns Scham- und Schuldkomplexe. Plötzlich wussten wir, wes Geschlechts wir waren, und bekamen Angst, wenn wir dem anderen Geschlecht begegneten.

Der Apfel der Kindheit war vom Baum gefallen, und wir verwandelten uns in einen neuen Menschen, eine Frau, einen Mann, ausgetrieben in eine weite, fremde Landschaft.

Die Kräfte, die uns zuwuchsen, strebten ziellos in eine Welt, die wir nicht mehr verstanden. Auch die Familie war uns verdächtig geworden, wir mussten sie hinter uns lassen, indem wir den Aufstand gegen jeglichen Zwang probten und ihre Werte und Normen verwarfen. Die gesellschaftlichen Anforderungen und Regelsysteme, in die wir jetzt selbstverantwortlich hineinwachsen sollten, erregten unseren Widerstand und unseren Ekel. Wer waren wir überhaupt?

Es ist geläufig, wie stark die genannten Umbrüche in der Pubertät bei Mädchen und Jungen eine tiefe Verunsicherung, Orientierungslosigkeit und Identitätskrise auslösen können. Sie werden, auf die Gegenwart bezogen, in der Weise verschlimmert, wie die Auseinandersetzung mit einer heillosen Welt politischer und ökonomischer Wirren alle Zukunftsoptionen der Jugend in dichte Nebel hüllt. Dabei können die Ich-Grenzen verschwimmen, das Körper-Selbst verliert seine Konturen und das psychische Selbst ist von Fragmentierung und Auflösung bedroht. Das massenhafte Auftreten psychischer, psychosomatischer und dissozialer Störungen, Krankheiten und Verhaltensauffälligkeiten im Jugendalter gilt als Indiz für die Gefahren und Belastungen dieser Lebensphase. Wie soll ein Jugendlicher diese jemals alleine bewältigen? Deswegen sind in der Pubertät und Adoleszenz Freundschaften von essentieller Bedeutung, in keinem Lebensalter wird das Bild von der Freundin, vom Freund, so tief und sinnstiftend verankert. Daher erstaunt es nicht, von Jugendstudien zu erfahren, dass Freunde, weit vor den Eltern, die wichtigsten Bezugspersonen sind, und in der Freizeitgestaltung mit hohem Abstand zu anderen Beschäftigungen an erster Stelle rangieren (bis zu 95 Prozent).[5] Ohne Freunde erhöhen sich die Entwicklungsrisiken rasant.

Den psychologischen Hintergrund für die Neuorientierung an Freunden bildet ein Vorgang, bei dem Jugendliche in ihrem Ringen um Autonomie und eine eigene Identität die Identifikationen mit ihren Eltern auflösen. Dabei kommt es zu ihrer Entidealisierung, in deren Verlauf junge Menschen Gegeneinstellungen entwickeln, die das elterliche Weltbild verneinen. Solche so genannten Deidentifikationen lösen die bis dahin verinnerlichten Elternbilder nicht auf, setzen sie aber vorübergehend außer Kraft. Wenn Eltern bis zur Pubertätsphase nicht als innerlich tragende und unterstützende, als gute Objekte introjeziert werden konnten, wird dieser Mangel von ihnen später kaum auszugleichen sein. Deswegen ist die neue Identifikationsphase, die hauptsächlich über Freunde verläuft, aus zweierlei Gründen so wichtig: Zum einen stabilisiert sie das von Orientierungslosigkeit bedrohte und von Zukunftsängsten inflationierte Ich, zum anderen kann sie frühe Defizite in der seelischen Strukturbildung ausgleichen und durch neue Leitbilder das Selbst stärken.

In die Praxis übersetzt sind die Beispiele für wechselseitige Identifizierungen unter Jugendlichen ungezählt. Dabei unterscheiden sich die Rituale in Mädchenfreundschaften grundsätzlich von denen bei Jungen, ein Befund, der uns nach der Beschreibung von Kinderfreundschaften nicht überrascht.

»Du bist so schön!« – Mädchenfreundschaften

»Bevor wir neben unserer Freundin vor dem Alibert-Spiegelschränkchen im Bad standen, unser eigenes Spiegelbild wahrnahmen, äußerliche Attraktivität verglichen und versuchten, sie zu optimieren – sprich: lästige Pickelchen abdecken, die Augen mit blauer Wimperntusche und Kajal ausdrucksstärker machen, die erste Dauerwelle oder erste Tönung ausprobieren, sich x-mal umziehen und großzügig *My Melody* und *Anais Anais* aufsprühen, um danach an den beliebten Teenieorten Einkaufszentrum, Eiscafé und beim Eiskunstlauf eine gute Figur zu machen –, gab es inhouse viel zu erledigen.«[6]

So amüsant, selbstironisch und distanziert plaudern Stefanie Dracker und Barbara Werner in dem jüngsten »einzig wahren Freundinnen-Buch«, so der Untertitel, über Jungmädchenfreundschaften.

»›Was meinst du, steht der mir?‹ – ›Ist der nicht zu eng?‹ – ›Nee, aber jetzt sag mal echt! Soll ich ihn nehmen? Oder doch lieber den langen?‹ – ›Dreh dich mal um. Ja, sieht klasse aus! Und was ziehst du oben an? Ich guck mal, ob ich noch was finde!‹ – ›Au ja!‹ Zwanzig Minuten später standen beide an der Kasse: die eine mit langen Rock und passendem T-Shirt, die andere mit hautengen Jeans. Danach ging es in die Drogerie, Mascara für beeindruckend dichte Wimpern und ein Deo kaufen, das auch mal vier Stunden Tanzen und Nervenflattern oder – eventuell, möglicherweise, hoffentlich! – beim großen Finale nicht versagen würde.«[7]

An anderer Stelle ist von »knospenden Brüsten« die Rede, die im Bad nur mit der besten Freundin verglichen werden. Die wechselnden Freundinnen telefonieren »stundenlang« miteinander, sie reden, sie gackern und »quasseln« – über Jungen, wie lächerlich die einen, wie sexy die anderen sind, über ihre Musikikonen, über Schmuck und Diäten und die blöden Eltern. Natürlich wird bei Dracker und Werner nicht nur viel gelacht, sondern auch geweint »bis die Kleenexbox leergerupft war«. Aber erst durch einen Blick hinter die Oberfläche der verwirrend vielen, leichtfüßig erzählten Freundinnengeschichten versteht man, was sich wirklich dahinter abspielt. Es sind in erster Linie Geschichten über den weiblichen Körper. Das Buch von Dracker und Werner ergänzt viele andere Lektüreeindrücke, Alltagserfahrungen und solche aus der therapeutischen Praxis. In ihrer Summe lassen sie vermuten, dass Freundschaften im Jugendalter, nicht nur bei Mädchen, eine vordringliche Funktion darin haben, das in Gefahr geratene Körperbild zu festigen.

Der Körper ist von allem Anfang an das Haus, in dem wir existieren und uns wohl fühlen wollen. Der Säugling erfährt seinen Körper zuerst durch den Reiz seines Hungers, das Gefühl der Sättigung, den Wechsel von Wärme und Kälte und durch die Berührung mit dem Körper der Mutter, durch die Sanftheit ihrer streichelnden Hände und ihren Blick, in dem er sich spiegelt. Durch aktive Berührung seiner umgebenden Welt erlebt er sich als begreifendes Wesen. Diese ersten Kerne des Körpergefühls werden in der Kindheit durch die wachsende Motorik und sprachliche Kommunikation zu einem Körper-Selbst ausgebaut, in dem die Körpergrenzen und die körperliche Erfahrungswelt klarere Strukturen gewinnen. Das Körper-Selbst ist neben dem sich parallel entwickelnden psychischen Selbst der wichtigste Teil eines ganzheitlich gedachten Selbst, in dem sich alle unsere Gefühle, Bedürfnisse, Phantasien, Wünsche, Ziele, Vorstellungen und Begabungen bündeln. Sie bilden unsere so genannten Selbst-Repräsentanzen, aus denen sich unser Selbstwert speist.

Mit dem Einbruch der Pubertät und der dramatischen Verwandlung des Körpers und seiner Funktionen gerät auch das Körper-Selbst in einen Aufruhr, der die bisherigen Körperrepräsentanzen teilweise auflöst und dadurch auch das psychische Selbst seiner Selbstgewissheit beraubt. In dieser Krise kann der Jugendliche nicht mehr auf die streichelnde Hand und das zärtliche Lächeln der Mutter oder auf die Bewunderung seiner motorischen Fähigkeiten durch den Vater zurückgreifen, die ihn in seiner Körperlichkeit bestätigen. Da er sich von ihnen ablösen muss, ist auch ihr Zuspruch nicht mehr sonderlich gefragt, zumal er meist mit kritischen Bemerkungen gespickt ist. Mädchen essen zu wenig oder zu viel, sind zu dünn oder zu dick, kleiden sich zu schick und aufreizend oder zu schlampig; Jungen sind zu grob, zu laut, wippen zu viel mit den Beinen, achten zu wenig auf Mitesser und Pickel und wirken gewöhnlich, weil sie ihre Haare und Kleidung nicht pflegen. Die Kränkungen durch solche Doppelbotschaften tragen zur weiteren Verunsicherung der

Jugendlichen bei. Sie drücken die Angst der Eltern vor den ungesteuerten und chaotischen Naturkräften aus, die die Pubertät entbindet. Die Verwandlung des Körpers ist der sinnliche Ausdruck für die Aufhebung alter Ordnungen und muss deswegen abgewehrt werden«

Unter diesen Bedingungen sind gleichgeschlechtliche Freunde oft die einzigen Garanten dafür, das zerrissene Körperbild und die tiefe Krise des Selbst neu zu strukturieren. Alle Erfahrungen, die Mädchen in der Zeit der Verwandlung mit ihrem Körper machen, die Ängste, Unsicherheiten und Beschämungen, die damit verbunden sind, werden in der engen Beziehung zu einer Freundin erträglicher gemacht und in langsamen Schritten zu einer stabilen weiblichen Identität transformiert.

An wen sonst sollte man sich wenden, wenn der Körper, für andere weithin sichtbar, zum Austragungsort aller in dieser Zeit aufbrechenden Konflikte wird, wenn das Gesicht errötet oder erbleicht, wenn die Hände zittern, die Beine weich werden, Schwindel bis zur Ohnmacht einen überfallen und psychosomatische Beschwerden und Krankheiten, wie schmerzhafte oder ausbleibende Regelblutungen, Bulimie, Mager- oder Fettsucht die Unlösbarkeit der seelischen Spannungen verraten? Diese können sich so unerträglich steigern und mit einem schrecklichen Selbsthass verbinden, dass sie durch selbst verletzendes Verhalten am eigenen Körper abreagiert werden müssen.

»Der Schulhof war mit einer niedrigen Steinmauer eingefasst, und an dieser Mauer lehnte sie … Sie stand da, wie ich noch nie jemanden hatte dastehen sehen, mit souveräner Lässigkeit: herausfordernd, stolz und unbeteiligt. Der Schulhof war so gut wie leer und sie herrschte über diese Leere. Ich blieb stehen, um sie ansehen zu können.«[8]

So beginnt der psychologisch faszinierende Roman von Connie Palmen »Die Freundschaft« über Kitt und Ara, zwei Mädchen, die zu Beginn der Handlung zwischen zehn und dreizehn Jahre alt sind und nicht unterschiedlicher sein könnten. Kitt, die jüngere, ist zart und klein und für ihr Alter zu introvertiert und grüblerisch veranlagt. Ara ist eine große und stämmige Person, intellektuell weniger begabt als Kitt, aber lebensklüger. Schon in der Eingangsszene klingt an, worüber die wechselseitige Anziehung der beiden zustande kommt und worüber sie sich im Laufe ihrer Entwicklung begegnen werden – ganz vorwiegend über den Austausch und die Klärung der Geheimnisse ihrer Körper.

»Sie redete nicht viel. In jeder großen Pause lief ich hinter ihr her nach draußen, und schon bald umschlang ich ihre Hüften oder lehnte ausdauernd an ihren Schenkeln. Sie roch gut. Manchmal nahm ich Anlauf und sprang ihr in die Arme. Ich umklammerte ihre Taille mit den Beinen und stützte mich mit den Kniekehlen auf ihrem breiten Becken ab, So saß es sich gut ... Sie hielt mich mit einem Arm, so stark war sie ... Ab und zu strich sie mir mit der Hand durchs Haar, und dann wollte ich, dass diese Hand dort blieb, so wunderbar fühlte sich das an.«[9]

Die Annäherung erfolgt über den Körper der anderen und über ihre gemeinsame Körpersprache, die in der Phantasie bis in die früheste aller Einheiten regrediert, eine Verschmelzung bis zur Symbiose, die in Selbstzeugnissen und Beschreibungen von Frauenfreundschaften überzufällig häufig auftaucht.

»Ich konnte es niemandem erklären, auch mir selbst nicht, aber von dem Augenblick an, da ich Ara gesehen hatte, fühlte ich mich mit ihr verbunden, so als ob sie sonderbarerweise in ihrem Körper auch meinen barg.«[10]

Der Körper der Freundin. Der Körper der Mutter. Die Wirren der Pubertät und die Erschütterungen des Körper-Selbst scheinen bei jungen Mädchen tiefe Regressionswünsche nach der mütterlichen Umhüllung auszulösen, um die Heilheit des Körpers in der Phantasie wieder herzustellen. Da der Weg zur Mutter versperrt ist, man sich zum zweiten mal von ihr lösen muss, wie damals ein Jahr nach der Geburt mit den ersten Schritten zur Individuation, jetzt nur endgültiger, bietet sich die Freundin als Ersatzobjekt an, auf das solche Wünsche übertragen werden können.

Ein reiferer Schritt ist die Übertragung der frühen Geschwisterliebe auf die Freundin. Kitt und Ara schließen zu einem späteren Zeitpunkt ihrer Beziehung Blutsschwesternschaft wie »Old Shatterhand und Winnetou«, meint Kitt, indem sie sich mit einer Nadel in eine Fingerkuppe stechen und die austretenden Blutstropfen vermischen. Diese Geschwisterübertragung scheint mir doch ein unübersehbarer Bestandteil in den meisten Jugendfreundschaften zu sein. »Wie eine Schwester«, »wie ein Bruder« sind geläufige Bezeichnungen für Freundinnen und Freunde. Sie entstammen nicht nur einem oberflächlichen Vergleich, um die Ähnlichkeit ihrer Gefühlseinstellungen auszudrücken. In einem früheren Buch habe ich die Geschwisterbeziehung in der Kindheit als eine besondere Phase der »Intimität« beschrieben, in der die enge Nähe der Geschwister in ihren wesentlichen Zügen von der Liebe zueinander geprägt ist. In der Pubertät jedoch muss die intensive Bindung aufgelöst werden, um eine zu starke Fixierung der Geschwister zu vermeiden und jedem von ihnen den Weg zu einer eigenständigen Identität zu ermöglichen. Diesen notwendigen Entwicklungsschritt habe ich als eine »Phase der Distanz« bezeichnet.[11]

Jugendliche müssen sich also nicht nur von den Eltern, sondern auch von den Geschwistern ablösen. Damit ist ein weiterer Verlust von Liebesobjekten verbunden, die in der Regel ein hohes Maß an Zusammengehörigkeit und Vertrauen vermittelten. Daher ist es nahe liegend, dass besonders Freundschaften in der Jugend das Element des Geschwisterlichen enthalten und die Freundin oder der Freund das fortsetzen oder ausgleichen sollen, was real oder, bei Einzelkindern, in der Phantasie über das Geschwister verloren ging.

In Bezug auf die Rolle des Körpers reichen die Analogien noch weiter. Die Bedeutung der Geschwister für die Bildung eines Körper-Selbst wurde in der Wissenschaft bisher weit unterschätzt. Nicht nur Mütter und Väter sind für die Art der Körperwahrnehmung verantwortlich. Das eigene Körperbild wird auch in langen Kinderjahren im Umgang mit den Geschwistern geprägt, im Kuscheln und Streicheln, im Balgen und Raufen und in der Beobachtung der intimsten Bereiche und Verrichtungen. Im Spiegel des Geschwisters erkennt das Kind seinen Körper einschließlich der Geschlechtsunterschiede eindringlicher als mit den Eltern.

Die Wiederbelebung der familiär tradierten körperlichen Näheerfahrungen zwischen Freundinnen, die in vielfältiger Form real gelebt werden und sich in ausgedehnten Unterhaltungen über Aussehen und weibliches Körpererleben ausdrückt, dient nicht nur der Restitution eines beschädigten Körper-Selbst. Die gemeinsamen Erfahrungen sind auch zukunftsgerichtet, sie stiften Gewissheit und Sicherheit über den neu gestalteten Frauenkörper als Voraussetzung eines weiblichen Identitätsgefühls. Dabei unterstützen sich die Freundinnen über zwei psychologische Wege – die Idealisierung und die Identifizierung.

In allen mir bekannten Zeugnissen über Frauenfreundschaften, ob in der Jugend oder im Erwachsenenalter, war für mich die Entdeckung neu und überraschend, nicht nur wie häufig der Körper der »Busenfreundin« erwähnt, sondern wie liebevoll er beschrieben wird. Die Schönheit des Gesichts, das Leuchten der Augen, die Zärtlichkeit des Lächelns, die Ausdruckskraft der Hände, die Eleganz der Bewegung, die Wohlgeformtheit der Brust, die grazilen Füße – die Bewunderung dieser und ähnlicher Merkmale drückt nicht nur die ästhetische Anziehung aus, sie ist unverkennbar mit erotischer Energie aufgeladen.

Da solche Bewertungen in aller Regel auf ganz subjektiven Wahrnehmungen beruhen, spielt bei ihnen die Idealisierung eine bedeutende Rolle. Bei der Idealisierung, wie sie für Zustände der Verliebtheit charakteristisch ist –, eine Beziehungsform, die in Mädchenfreundschaften häufig auftritt und sie so leidenschaftlich macht – wird der Körper der Freundin zur Vollkommenheit erhöht. Dieser psychische Vorgang basiert auf einer Übertragung narzisstischer Libido auf das geliebte Objekt nach dem Grundsatz »Sie ist so schön und attraktiv, wie ich selbst sein möchte, und wie es meinem Ideal von mir selbst entspricht«. Die Idealisierung führt real oder in der Phantasie zu einer Verschmelzung der Körper und zu einer Erweiterung des eingebildeten Größen-Selbst. In der überschäumenden Verliebtheit und Körpernähe ist die erotische Energie in der Regel nicht von sexuellen Bedürfnissen geleitet, auch wenn eine homoerotische Komponente im Rahmen der erwachenden Sexualität als Probierstadium mit hinein spielt; vordringlich zielt die Idealisierung auf die Befriedigung einer narzisstischen Erotik, um den eigenen Körper lustvoller erfahren und akzeptieren zu können. Durch die narzisstische Spiegelung im Körper der Freundin erfährt der eigene Körper eine Aufwertung, durch die das Körper-Selbst stabilisiert und zur Reife herausgefordert wird.

Die Idealisierung ist ein unbewusster Mechanismus, der der Identifizierung als seelisch reifere Entwicklungsstufe vorausgeht: »Ich bin so wie Du«. Da sie sich nicht nur auf den Körper bezieht, sondern alle anderen Persönlichkeitsbereiche umfasst, die in der Jugendfreundschaft zur Entfaltung kommen, soll an späterer Stelle auf sie eingegangen werden.

»Du bist so stark!« – Jungenfreundschaften

Als mir beim Abfassen des Buches der Körper als expressiver Schauplatz von Jugendkonflikten und seine Funktion in Freundschaften während der Pubertät und Adoleszens erst so recht bewusst wurde, erinnerte ich mich an eine autobiographische Kurzgeschichte, die ich vor Jahrzehnten geschrieben habe, ohne ihre psychologischen Zusammenhänge zu erahnen. Ich kramte sie aus alten Papieren hervor und stelle sie diesem Kapitel voran, weil sie, jenseits aller Theorie, die Bedeutung des Körpers in Jungenfreundschaften in plastischen Bildern veranschaulicht.

Die Engel

Vor ihnen liegt der breite Strom. Sie stellen ihre Räder an eine Weide und ziehen die Badehosen an. In ihrer Höhe zieht ein Schleppdampfer mit vier tief im Wasser liegenden Kähnen vorbei. Daniel und Boris erklären Rolf, wie man einen Lastkahn anschwimmt.

»Okay«, sagt Rolf. Sie setzen sich ins Gras, schauen den Fluss abwärts und warten.

»Ich habe einen ganz schönen Bammel«, gesteht Rolf in das Schweigen hinein. Die beiden anderen lachen.

»Das vergeht, wenn Du so'n Pott ein paar mal angeschwommen hast«, tröstet ihn Daniel.

»Da!« ruft Boris und zeigt auf die ferne Biegung, in der die gedrungene Silhouette eines Schleppschiffs auftaucht. »Los, wir müssen rein!«

»Woher wisst Ihr, dass seine Lastkähne tief genug liegen?«

»Das tun sie immer wenn sie stromauf kommen; sie haben in Rotterdam oder im Ruhrgebiet geladen«, sagt Daniel, während sie die Böschung runter laufen. Er schwimmt mit kräftigen Stößen in den Fluss, dicht gefolgt von Boris. Rolf bleibt am Ufer stehen. »Komm, du Feigling!« Sie schwimmen gegen die Strömung an, bis Rolf sie erreicht hat.

In der Mitte des Flusses wird die Abdrift immer schneller. Der Schleppdampfer kommt auf sie zu und wirft hinter sich weiß schäumende Wassermassen auf. Daniel und Boris tauchen durch die Heckwellen des Motorschiffes. Das Stahlseil zum ersten Lastkahn gleitet dicht über der Wasseroberfläche.

»Komm jetzt!« brüllt Daniel Rolf zu, um das laute Tuckern des Schiffsmotors zu übertönen. Der mächtige Stahlbug des ersten Schleppkahns schiebt sich heran. Boris und Daniel lassen sich ganz dicht an der Bordwand entlang gleiten. Blitzschnell fasst Boris den flachen Rand der Reling und lässt seinen Körper von der Kraft der Strömung hochheben. Kurz hinter ihm klettert Daniel auf die Seitenplanken des Decks.

Jetzt treibt auch Rolf an der Bordwand entlang, greift nach oben, wird von der Strömung einige Meter mitgerissen, schreit: »Ich kann mich nicht halten«, und lässt mit schmerzverzerrtem Gesicht die Kante los.

»Versuch es beim nächsten,« ruft Daniel ihm zu. Etwas nervös beobachtet er das Stahlseil zum nächsten Kahn. Aber dann sieht er Rolf, wie er in der Bugwelle des zweiten Kahns kurz verschwindet, an der Bordwand wieder auftaucht, an der Reling Halt findet und sich mit beiden Beinen strampelnd nach oben zieht. »Er hat es geschafft!« Daniel und Boris machen einen Kopfsprung ins Wasser. »Gratuliere, hast du doch prima hingekriegt,« sagt Daniel als sie neben ihm stehen. Rolf zeigt ihnen seine von Schmieröl verdreckten und etwas blutigen Hände. »Halt sie ins Wasser, das vergeht wieder!«

Dann steigen sie auf die Planken über den Laderäumen. Sie winken dem Steuermann zu, der weit hinten am Heck in der kleinen Kajüte am Ruderrad steht. Als er zurückwinkt, legen sie sich auf das warme Holz.

Sie dösen in der Sonne und blicken zwischendurch in die weite Marschlandschaft aus grünen Wiesen und Pappelkolonien. Boris holt eine kleine Mundharmonika aus der Badehose, klopft das Wasser raus und spielt mit vorgehaltener, leicht vibrierender Handfläche einige Bluesmelodien.

»Schön,« sagt Rolf, »hitch-hiking stromaufwärts und vom

Fluss zurückgetragen werden – so schwerelos könnte das ganze Leben sein.«

»Du bist ein Träumer«, sagt Daniel, »schwimmen musst du nachher auch.«

»Ein bisschen paddeln.«

»Na, wart es nur ab!«

Der Kahn gleitet unter einer Brücke durch, die von drei mächtigen Pfeilern getragen wird.

»Da, zum Beispiel.« Boris zeigt auf einige Wasserwirbel um die flussabwärts gelegenen Schrägkanten der Pfeiler. »Die Strudel sehen harmlos aus, aber wenn du rein treibst, können dich nur noch Engel retten.«

Nach einer Weile sagt Rolf: »Endlich hab ich es geschafft. Meine Mutter darf davon nichts erfahren. Wenn Ihr wüsstest, wovor sie alles Angst hat. Wie soll man dabei frei werden?«

Der Schiffsverkehr ist dichter geworden. Zwischen einigen Reihen stromabwärts vorbeiziehender, meterhoch aus dem Wasser ragender Schleppkähne suchen Fährschiffe und Ausflugsdampfer nach freien Fahrrinnen.

»Wenn du da drin bist,« Boris zeigt auf den brodelnden Wasserkessel, »hilft nur Ruhe bewahren, bis es wieder nachlässt; bloß keine Panik!«

Es ist kühl geworden. Die Jungen frösteln. In der Weidelandschaft taucht das Darf mit dem kupfernen Kirchturm auf, der in der Nachmittagssonne weithin wie flüssiges Gold leuchtet. Daniel gibt das Zeichen zum Aufbruch. Während er von den Holzplanken klettert, sagt er zu Rolf: »Diese Kirche ist meistens unser Ziel. »Kirche zu den heiligen drei Engeln« heißt sie. Vielleicht schickst Du ein kleines Stoßgebet rüber.«

Rolf schaut ihm nach, wirft noch einen Blick auf die Kirche und folgt den beiden auf den Steg neben der Reling. Sie winken dem Kapitän ein Dankeschön und Abschied zu. Gelassen winkt er zurück.

Mit einem weiten Absprung tauchen sie in das Wasser und

erreichen nach wenigen Schwimmstößen genügend Abstand zum nächsten Drahtseil.

Der Wellengang hat sich gelegt. Lachend und johlend treiben die Jungen in der Mitte des Flusses abwärts. Die flachen Ufer gleiten vorbei. Rolf winkt den beiden zu. »Ich habe das Gefühl, mir wachsen Flossen.« »Lass sie schnell wachsen,« ruft Boris, »siehst du da vorne die vielen Schiffe?«

Plötzlich dröhnt hinter ihnen der lang gezogene Ton eines Signalhorns. Sie drehen sich um. Ein Schlepper mit mehreren hoch aufragenden Lastkähnen nähert sich mit großer Geschwindigkeit. »Weg hier!« schreit Daniel. Als sie zur Seite schwimmen, treiben sie auf einen Schleppzug zu, der ihnen flussaufwärts entgegen kommt. Boris und Daniel gelingt es, vor ihm in Uferrichtung auszuweichen. Rolf bleibt zwischen den beiden Kahnreihen, deren Wellen in wilder und ungeordneter Kraft gegeneinander geschleudert werden. Zwischen den langen Schiffsrümpfen können die beiden seinen Kopf kurz auftauchen und wieder verschwinden sehen. Dann müssen sie einem Vergnügungsdampfer ausweichen und verlieren ihn aus den Augen. Der Fluss tobt. Die Brücke taucht vor ihnen auf. Sie treiben unter den Stahlträgern durch und weichen mit letzter Kraft den Strudeln hinter dem Pfeiler aus.

»Wo ist Rolf?« schreit Boris. »Ich sehe ihn auch nicht.« Beide schwimmen gegen den Strom, um die Abdrift zu verringern.

»Da!« Boris zeigt in Richtung Ufer. Bevor sie ihn erreichen können, ist der Kopf zum letzten Mal versunken. Immer wieder tauchen beide an verschiedenen Stellen. Boris schwimmt nach oben, schöpft Luft und will gerade wieder in die Tiefe, als er den Kopf von Daniel zwischen den Wellen sieht, dicht über der Wasserfläche, als werde er von etwas Schwerem nach unten gezogen.

Auf dem Rücken schwimmend ziehen beide den leblosen Körper ans Ufer.

Dort heben sie ihn an den Beinen in die Höhe. Ein Sturzbach entleert sich aus Rolfs Mund. Sie legen ihn auf den Rücken. Daniel presst seine Lippen fest auf die seines Freundes und atmet in gleichmäßigem Rhythmus tief in ihn hinein.

»Jetzt bist du frei,« sagt er, als Rolf die ersten Atemzüge macht und seine Augenlider langsam öffnet.

Wir müssen zwischen zwölf und fünfzehn Jahre alt gewesen sein, als wir einige Sommer lang diese Schwimmabenteuer im Rhein bei Düsseldorf erlebten. Sie waren nicht weniger riskant als die extremen Sportarten und halsbrecherischen Wagnisse, die heute bei Jungen dieses Alters beliebt sind und die uns als Erwachsene den Atem stocken lassen. Auf der symbolischen Ebene versinnbildlicht die Geschichte die tosenden Gewässer der Pubertät, in denen der männliche Jugendliche herumgewirbelt wird, seine Orientierung verliert und unterzugehen droht, wenn er nicht in Freunden einen rettenden Halt findet. In den Strudeln seelischer Entgrenzung bündeln Freunde alle ihre Kräfte, um die Wellen zu teilen, die über ihnen zusammenschlagen. Ihr gemeinsamer Kampf wird zu einem Kampf um Freiheit und Überleben, ihre waghalsigen Spiele verdanken sich dem Aufruhr gegen die Gefahr innerer Spaltung und beweisen ihre Entschlossenheit, dem Leben ihr trotziges Dennoch entgegenzustellen. Jugend und Freundschaft bilden eine Einheit, die, stärker als andere Bindungen in dieser Zeit, den Verwirrungen des Heranwachsens widersteht.

Diese Deutung der Erzählung lag mir damals schon beim Schreiben fern. Heute erscheint sie mir zwingend, seit mir klar ist, wie verschieden Mädchen und Jungen ihre pubertären Krisen über ihren Körper austragen und in der Freundschaft kommunizieren. Jungen sind nicht nur größer, sie verfügen ab der Pubertät durch unterschiedliche genetische und hormonelle Steuerungen nachweislich über ein sehr viel höheres Potential an muskulärer Kraft, Schnelligkeit,

Ausdauer und Aktionsbereitschaft als Mädchen. Dadurch ist ihre motorische Aggressionsneigung deutlich gesteigert. Diese hat die Tendenz, sich eng mit den aufbrechenden Sexualtrieben zu verbinden.

Es ist diese gefährliche Legierung, die männliche Jugendliche relativ plötzlich und fremdartig überfällt. In dieser Situation verfügt ihr Ich noch nicht über die notwendigen Bewältigungstechniken und Erfahrungen, wie es die ungewohnten Kräfte abwehren oder konstruktiv in die eigenen Handlungsbereiche integrieren kann. Ein vereinzelter Jugendlicher ist tatsächlich in der Gefahr, in den »tosenden Gewässern« unter zu gehen. Deswegen organisieren sich die meisten Jugendlichen – in Peers, Cliquen, Banden, Gangs oder in offiziellen Jugendgruppen bei den Pfadfindern, Sportvereinen, Parteien, Kirchen, alternativen Bewegungen oder esoterischen Zirkeln und Sekten. Neben Schulen und Ausbildungsstätten bilden sie die notwendigen Netzwerke, aus denen sich einzelne oder kleine Gruppen von Freunden herausmendeln.

Anders als Mädchen versuchen männliche Jugendliche das zerbrochene Körper-Selbst ihrer Kindheit durch ausdauernde Aktionen neu zusammenzusetzen. Jungen sprechen nicht über ihren Körper und ihre Verlegenheit, sie handeln. Sie ringen und boxen mit Freunden, messen ihre Kräfte im sportlichen Wettstreit, bekämpfen ihre ungezügelten Naturkräfte durch gemeinsame Berg- und Klettertouren, Wildwasserfahrten, Rad- und Motorradrennen. Im spielerischen Ausprobieren der eigenen Aggression und der des Freundes und in der konstruktiven Konkurrenz der Geschicklichkeit wird Körpererfahrung zu einer neuen Lust. Dabei spielt die Idealisierung und die Identifizierung mit dem Freund, mit seinem Körper, eine ähnliche Rolle wie bei jungen Mädchen. Aber sie stehen nicht gemeinsam vor dem Spiegel, drücken ihre Bewunderung nicht verbal aus, schmücken sich nicht, um dem anderen zu gefallen; und dennoch demonstrieren alle ihre Handlungen, wie sie den Freund nachahmen, wie sie so groß und stark sein wollen wie er. Jungen regredieren nicht in eine körperliche Nähe, die von der Mutter oder den Geschwistern vorgezeichnet ist. Diese Nähe macht ihnen Angst, die Angst, verschlungen zu werden. Sie wollen autark sein, wollen möglichst schnell erwachsen werden. Und dennoch setzt sich das körperliche Nähebedürfnis unbewusst wieder durch, wenn die Körper im Ringkampf schwitzend ineinander verschlungen sind.

Die libidinöse Besetzung des Körpers des Freundes, die homoerotische Komponente der Beziehung, können nur auf diese Weise gelebt und gleichzeitig abgewehrt werden. Aber auch in dieser verschlüsselten Form drückt sich die Anerkennung und Annahme des Freundes aus, eine wechselseitige Sympathie und Nähe, die das Körper-Selbst im Spiegel des anderen bestätigt und restituiert. Auf diese Weise helfen sich Freunde gegenseitig, ihr wildes Blut zu zähmen und in geordnete Bahnen zu lenken, eine Sublimationsleistung als Geschenk einer intimen Gemeinsamkeit.

»Ich bin so wie du!« – Mädchen- und Jungenfreundschaften jenseits des Körpers

Der Körper ist das Haus, in dem Geist und Seele wohnen. Nachdem die Turbulenzen der Pubertät und Adoleszenz dieses Haus bis auf die Grundmauern erschüttert haben, und Freunde wesentlich an seiner Rekonstruktion beteiligt waren, folgt die Zeit, mit ihrer Hilfe auch die Innenräume neu zu gestalten. Auf der Realebene ist die Einrichtung des eigenen Raums besonders in Mädchenfreundschaften ein beliebtes Thema: »Welche Tapete soll ich nehmen?«, »Welche Poster würdest du anhängen?«, »Kommst du mit, die Möbel auszusuchen?«. Jungen tauschen sich über dieses Thema kaum aus. Und doch gleichen sich ihre Räume auf oft frappierende Weise. Psychologisch interessanter ist dabei die immer wieder überraschende Parallele zwischen äußerer Raumgestaltung und persönlicher Struktur. Geschmack ist nur zuletzt eine Frage des Geldes und des Stils, zu allererst ist er Ausdruck des seelischen Befindlichkeit.

Der Geschmack von Jugendlichen, der bei Erwachsenen oft nur Kopfschütteln auslöst, ist Kennzeichen ihrer inneren Unsicherheit und Suche: »Wer bin ich?«, »Was will ich?«. Durch die Kritik an Familie und Gesellschaft und die Selbstzweifel an der eigenen Person entsteht ein Vakuum, ein Gefühl innerer Leere und äußerer Perspektivlosigkeit. Ohne Freunde sind nur wenige Jugendliche in der Lage, das Vakuum aus eigener Kraft mit neuem Leben zu füllen, mit Ideen, Idealen, Planungen und konkreten Zukunftsvorstellungen, die das jetzt heranwachsende Ich-Ideal repräsentieren. Das Ich-Ideal als Vorratskammer aller unserer Bilder über uns selbst, aller im Kern enthaltenen Entwicklungsentwürfe und Lebensziele, bildet sich im Laufe der Kindheit aus den konstitutionellen Anlagen und Begabungen, die wir mit auf die Welt bringen, und aus den Vorbildern, die uns beeinflussen und an denen wir uns orientieren. In der Pubertät erleidet das Ich-Ideal starke Einbrüche, nachdem die alten Vorbilder nicht mehr taugen, und auch das angeborene Entwicklungspotential durch die biosozialen Verschiebungen in dieser Zeit teilweise umstrukturiert wird und in bisher unbekannte Richtungen austreibt. Gestalterische oder musikalische Anlagen in der Kindheit können in der Pubertät versiegen oder erst in Erscheinung treten. Das Gleiche gilt für Sprachreichtum, Intelligenz, technische Fertigkeiten, praktisches Handeln, soziale Kompetenzen und die moralische Verfassung des einzelnen. Alle diese Variablen müssen neu justiert werden, um als stabile Anteile der Identität eine gesunde Weiterentwicklung zu gewährleisten.

»Als ich mit Fünfzehn in eine andere Schule kam, traf ich in der neuen Klasse ein enges Trio von Freunden – Michael,

Hans und Dieter. Ich fühlte mich sofort zu ihnen hingezogen. Michael war der Künstler in der Klasse. Er malte mit Ölfarben auf Leinwand, konnte aber auch mit schnellen Strichen bissige Karikaturen auf Packpapierrollen werfen, mit denen er die Partykeller dekorierte. Hans faszinierte die Technik. Er wollte Ingenieur werden. Er bastelte und reparierte an allem herum, was ihm in die Hände kam – Radios, Fernseher, Kaffeemaschinen, Toaster und später sein erstes Motorrad, das anfangs nur aus Schrott bestand. Dieter war ein Sprachgenie, schrieb Gedichte und las den Faust, die Odyssee und die griechischen Tragiker, als wir noch bei Hesse waren. Ich habe mir sehnlichst gewünscht, in ihren Kreis aufgenommen zu werden, obwohl ich ihnen nach meinem Gefühl nichts zu bieten hatte. Ich war ängstlich, traute mir nichts zu, konnte nichts, wusste nichts, und der Gedanke an Selbstmord hat mich ständig begleitet. Es hat lange gedauert, bis sie mich in ihren Kreis aufnahmen und aus dem Trio ein Quartett wurde, das bis weit ins Studium unzertrennlich war. Heute weiß ich, dass die Drei mich über die Krise dieser Jahre hinüber gerettet haben. Ich eiferte ihnen in allem nach, mein Interessenhorizont erweiterte sich und langsam konnte ich in Vielem mit ihnen mithalten.«

Mit dieser Schilderung beschrieb ein vierzigjähriger Lehrer die psychischen Schwierigkeiten seiner Jugend, und wie ihm die Freunde halfen, sie zu überwinden. Er war zu einigen Stunden Beratung zu mir gekommen, weil seine Frau seinen besten Freund aus ihm gänzlich unklaren Gründen ablehnte, und er seine Loyalitätskonflikte zu beiden nicht alleine lösen konnte. Der Bericht vermittelt eine plastische Vorstellung davon, wie der Mann die Leere und Einsamkeit seines Hauses mit Hilfe der drei Freunde bewohnbar machte. In seiner geistigen und seelischen Unreife und auf der Suche nach sich selbst, boten sie ihm verschiedene Identifizierungsmöglichkeiten an. Durch ihre Anregungen und Informationen wurde er motiviert, sich mehr Wissen anzueignen, praktische Kompetenzen zu erwerben und sein in der Kindheit verschüttetes künstlerisches Potential wieder zu beleben.

Pubertät ist ein Stadium des Ausprobierens, des Experimentierens, eine Zeit, in der Jugendliche ihr Ich-Ideal neu erfinden müssen, um ihrer Identität naher zu kommen. Bei diesem Verselbständigungsprozess spielen Identifizierungen eine entscheidende Rolle. »Ich bin so wie du!«. In dieser Phase müssen Freunde die ursprünglichen Funktionen der Mütter und Väter übernehmen, die im Idealfall dem Kind ermöglichen, sein Ich-Ideal und sein Selbst nach ihrem Vorbild zu formen. Wenn die Vorbilder in der Familie nicht vermittelt wurden oder sie radikal verworfen werden, sind Freunde umso dringlicher gefragt. Besonders bei dem Drang Jugendlicher, die Welt verändern zu wollen und dabei an ihre eigenen Grenzen zu gehen und diese zeitweilig zu überschreiten, können Freunde in heilsamer Weise als Steuerungsinstanzen dienen, die zu den gewagten Schritten ermutigen oder ihre warnende Stimme erheben, je nachdem.

In dem bereits zitierten Roman von Connie Palmen denkt die inzwischen dreizehn jährige Kitt, die mit bohrenden Fragen und Zweifeln um ihre seelische Verfassung kreist, über ihre Freundin Ara nach: »Ich bin immer wieder verblüfft, dass sie sich nicht einspinnen lässt in das feine, unsichtbare Netz aus Verboten und Vorschriften, das ich wahrnehme, sobald ich einen Raum betrete und Menschen begegne, und das mich zu blindem Gehorsam veranlasst. Ich wertete das bei ihr als Mut und Ehrlichkeit und bei mir als Feigheit und Unehrlichkeit. Sie machte den Krach, den ich dämpfte, sie übertrat die Gesetze, denen ich mich unterwarf, sie eroberte den Raum, in dem ich mich unsichtbar, in Luft aufzulösen versuchte.«[12]

Durch den Vorgang der Identifikation verdankt Kitt Ara die spätere Überwindung ihrer Hemmungen und sozialen Ängste. Die Freundin wurde zu ihrem Alter-Ego, das in der

Fachsprache als Zwillingsübertragung bezeichnet wird. Dabei ist die Ausstrahlung des anderen so stark, dass man meint, so zu sein wie er, oder unter seinem Einfluss tatsächlich zu einem Teil von ihm wird.

Dieser Prozess beruht in guten Freundschaften auf Wechselseitigkeit. Durchs Kitts unbezähmbares Bedürfnis, zu lesen, zu lernen und sich die Welt durch philosophische Gedanken zurecht zu legen, kann sie ihrer Freundin in Fülle zurückgeben, was sie von ihr erhalten hat: »Ara ist sowieso die einzige, die wirklich versteht, was ich meine, und mit niemandem rede ich lieber über das, was ich lerne und mir zurecht denke, als mit ihr. Wenn Ara einem zuhört, zeigt sie sich von ihrer besten Seite, und man würde am liebsten stundenlang weiterreden, nur weil sie dann so sanft und dankbar dreinschaut und den Blick wirklich nicht eine Sekunde von einem abwendet und man dann so richtig spürt, dass man Menschen durch ein bisschen mehr Wissen glücklich machen kann und man jemandem wirklich etwas damit gibt, wenn es auch nur Worte sind, die man nicht festhalten kann.«[13]

Wenn Jugendfreundschaften das zustande bringen, den anderen glücklich zu machen, ihn innerlich zu festigen, damit er das Leben wieder genießen und sich voll Vertrauen in eine offene Zukunft hinein entwerfen kann, dann haben sie etwas gestiftet, was als innere Kraft weiter wirkt und gegen die Stürme widerstandsfähig macht, die das Erwachsensein mit sich bringen wird. Der gemeinsame »Spaß«, den Jugendliche dabei mit ihren Freundinnen und Freunden haben und suchen und der für sie eine gute Freundschaft wesentlich kennzeichnet, drückt nur vordergründig die hedonistische Lust am oberflächlichen Vergnügen und Amüsieren aus. Psychologisch spiegelt der Spaß eben dieses Glück wider, das einem die Unbeschwertheit des Lachens und Lustigseins zurückgibt, das aus fröhlichen Kindertagen herüber klingt, wenn die schlimmsten Krisen der Pubertät überstanden sind.

III. »Gemeinsam sind wir unschlagbar«
Freundschaften unter Frauen

»Ein ernstes Gesundheitsproblem bei Frauen ist die Bilharziose«[14], erzählt unsere Reiseleiterin Fatma während der Busfahrt durch Kairos Vorstädte. In den schmalen, schmutzigbraunen, von Abfall übersäten Kanälen des Nildeltas stehen Frauen in schwarzen Gewändern und waschen, fröhlich miteinander schwatzend, ihre Wäsche. »Sie könnten das Wasser auch aus sauberen Brunnen holen, aber zu Hause haben sie so viel mit der Versorgung ihrer zahllosen Kinder und der großen Verwandtschaft zu tun, dass sie glücklich über diese einzige Möglichkeit sind, an diesen verseuchten Wasserläufen ihre Freundinnen zu treffen.« Fatma ist empört über diese Tradition, die durch keine noch so gute Gesundheitsaufklärung zu brechen sei.

Ich hielt die Geschichte zunächst für unglaubhaft, da für europäische Verhältnisse unvorstellbar. Aber warum sollte Fatma, eine akademisch gebildete und fließend deutsch sprechende Einheimische sie erfinden? Je länger mich nach der Ägyptenreise das Thema Freundschaft beschäftigte, umso überzeugender erschien sie mir.

Freundschaft ist ein lebensnotwendiger Bestandteil unseres Daseins. So, wie die Familie den Ursprungsort unserer Sicherheit in der Welt bildet, und nur in ihrem Schutz die emotionalen, geistigen und körperlichen Fähigkeiten heranreifen können, um ihren Herausforderungen gewachsen zu sein, so setzen Freundschaften diese Aufgaben fort, um das Subjekt vor den Gefahren der Isolation und Vereinzelung zu bewahren. Das menschliche Bedürfnis nach ehrlichen Freundschaften entspricht einem ontogenetischen Prinzip, das die familiären Erfahrungen über die ersten sozialen Bindungen für die gesamte Lebensspanne festschreibt. Frauen verinnerlichen das Prinzip tiefer und sind stärker auf seine Aktualisierung angewiesen als Männer. Warum? Die Freundschaftsforschung stimmt darin überein, dass Frauen beständigere und engere Freundinnen haben, den Kontakt sorgsamer pflegen und Freundschaften einen höheren Stellenwert in ihrem Leben beimessen als Männer. Auffallend ist, dass die Wissenschaft bisher keine Begründung für diese Befunde geliefert hat. Ein Blick in eines der schönsten Bücher über Freundinnen im Erwachsenenalter macht jedoch die Spuren sichtbar, die uns einer Erklärung des Unterschiedes näher bringen.

Die bekannte Fotografin Ute Karen Seggelke hat in dem Fotoband »Freundinnen« in dreiunddreißig Interviews siebzehn bekannte und weniger bekannte Frauen portraitiert. In den Texten tauchen überzufällig häufig die erfüllten oder ersehnten Wünsche und Erwartungen an die Freundin mit folgenden Attributen auf: Vertrauen, Fürsorge, Verantwortung, Zuwendung, Treue, sich lieben, sich anschauen, Seelenverwandtschaft, wie eine Schwester, wie Zwillinge, ein Teil vom anderen, sich beschützen, Vertrautheit, Verlässlichkeit, sich auffangen, erotische Nähe und körperliche Berührung, Intimität, Verschmelzung. Die Schauspielerin Hannelore Elsner fasst diese Sehnsüchte und Gefühle in ihrer familiären Ursprungsgeschichte am treffendsten zusammen, wenn sie in dem Interview ihre Vorstellungen über die beste Freundin formuliert: »Freundschaft heißt Vertrauen, Zuhause, Heimat, Rückhalt; Heilung auch irgendwie. Freundschaft gibt Geborgenheit und ist etwas Mütterliches, Nährendes, Beschützendes.«[15]

Der mütterliche Uterus ist der Ort und zugleich das absolute Symbol für Sicherheit, Schutz und Geborgenheit. Deswegen ist die menschliche Phantasie und Traumwelt von Bildern der uterinen Regression erfüllt, von ozeanischen Gefühlen eines allumfassenden Fluchtortes, an den wir uns zurücksehnen, wenn das Leben uns zu überfordern droht. Der hohe Anteil an mütterlich-familiären Begehren in Frauenfreundschaften, wie er in den vorgenannten Beschreibungen zum Ausdruck kommt, dürfte hier seine Wurzel haben. Dafür scheinen mir zwei Gründe ausschlaggebend zu sein. Der erste liegt in der Mutter-Kind Beziehung selbst, der zweite im Geschlechterverhältnis. Die Mutter als die erste und engste Bindungsperson des Säuglings stiftet durch ihre nährende Funktion, ihre Liebe und Fürsorge ein Grundgefühl, das wir entscheidend für ein stabiles Selbst auffassen – das »Urvertrauen«. Deswegen überrascht es nicht, dass es in der gesamten Freundinnenliteratur als Bedürfnis nach »Vertrauen« wiederkehrt, dort am häufigsten genannt und als elementar für jede Freundschaft angesehen wird.

Verena Kast spricht von einer »Oase des Vertrauens« und deutet damit die bergende Funktion der Freundschaft »in einer Welt, in der so viel Misstrauen herrscht« an.[16] Auch in den von ihr ausgewerteten Interviews mit hundert Frauen über »die beste Freundin« bilden Vertrauen und Vertrautheit die weit überwiegenden Gefühlsqualitäten.

Etwas Entscheidendes kommt hinzu. Ganz anders als der Junge identifiziert sich das Mädchen primär mit der Mutter. Sie ist von gleichem Geschlecht, identifiziert sich ihrerseits stärker mit der Tochter als mit dem Sohn und überträgt auf sie alle ihre weiblichen Eigenschaften, vor allem das angeborene Bedürfnis nach körperlicher Nähe und Austausch, ihre Emotionalität und ihre Kommunikationslust über die Sprache. So wird die Einheit mit der Mutter zu einer identitätsstiftenden Erfahrung, die das Selbst konstituiert, und auf die die Frau später in besonderen Belastungssituationen wieder zurückgreifen kann.

Der zweite Grund für die Regression auf mütterliche Erfahrungs- und Verhaltensmuster in Frauenfreundschaften scheint mir ebenso gewichtig und mit dem ersten eng zu korrespondieren. Wie hätte sich der Topos vom »schwachen Geschlecht« je bilden und die vom Patriarchat geprägte abendländische Kulturgeschichte durchziehen können, wenn Frauen durch ihre physische Unterlegenheit und durch die Dominanz des Mannes diese Zuschreibung nicht über Jahrtausende ertragen hätten? Die Macht der Männer hat viele Gesichter. Entgegen allen Erfolgen der Frauenemanzipation haben wohl die meisten Frauen diese über Generationen tradierte Geschichte ihres Geschlechts als Selbstschicksal verinnerlicht und sehen sich in der gesellschaftlichen Realität noch heute mit ihr konfrontiert. In der Familie, in der Arbeitswelt, in den Chefetagen der Wirtschaft, auf den Bühnen von Wissenschaft, Kultur und Politik – überall, das ist die Regel, stehen Frauen im Schatten der Männerwelt, fühlen sich von ihr benachteiligt und bedroht. Dieses traurige Kapitel im Geschlechterverhältnis ist zu bekannt, zu oft beschrieben und beklagt worden, als dass es hier weiter ausgebreitet werden muss. Nur in der Literatur über Frauenfreundschaften taucht es so gut wie nicht auf. Dabei lassen sich diese kaum verstehen, wenn man den Hintergrund permanenter Ohnmachtserfahrungen ausblendet. Daher scheint mir die Vermutung nicht abwegig, dass Freundschaften zwischen Frauen zu einem guten Teil als Bollwerke gegen männlich verfügte Überforderung, Ausbeutung und Unterdrückung errichtet werden. Das Leiden daran ist mit dauernden Ängsten verbunden. Indem die Freundin mütterlich-familiäre Schutzfunktionen übernimmt, bildet sie einen Reizschutz gegen die Angst, reduziert sie und bietet auf diese Weise einen Grad an Sicherheit, der die Ohnmacht in Hoffnung und die Resignation in Tatkraft und Optimismus verwandelt.

»Gemeinsam sind wir unschlagbar!« Dieser treffende Untertitel des zitierten Buches von Seggelke macht in seiner Doppelbedeutung klar, wozu Frauen in der angstfreien Beziehung zur Freundin fähig sind, wenn sie gemeinsam im Widerstand gegen Unrecht und Überlastung erstarken.

Bei der Lektüre von Freundinnenliteratur, der Beobachtung von Freundschaften in meinem Lebensumfeld und Freundschaftskreis und nicht zuletzt in meiner therapeutischen Arbeit bin ich immer wieder überrascht, wie bedingungslos und in welchem Ausmaß Freundinnen zur wechselseitigen Hilfe und Unterstützung bereit sind. Ganz anders als Männer betrachten es Frauen als Selbstverständlichkeit, sich Hilfe bei der Freundin zu holen, sie annehmen zu können und mit der gleichen Bereitschaft zurückzugeben. Das betrifft nicht nur die praktische Unterstützung im Alltag, die besonders in Notlagen in Anspruch genommen wird, sondern auch emotionale Bedürfnisse, Kummer und seelische Einbrüche, bei denen die Freundin durch Zuhören und lange Gespräche eine Art Katastrophenschutz bietet.

In der therapeutischen Situation sprechen wir von einem Hilfs-Ich, das der Therapeut zeitweilig für den Patienten darstellt, solange sein eigenes Ich noch nicht über die ausreichenden Kraftreserven und Techniken verfügt, um seine Probleme selbständig zu lösen. Auch die Freundin kann in der Übertragung nicht nur eine mütterlich beschützende Rolle einnehmen, sondern als Hilfs-Ich fungieren, bis sich das eigene Ich von den Erschütterungen erholt hat und wieder handlungsfähig wird.

Ein bewegendes Beispiel ist Frau L., eine zweiundvierzigjährige Journalistin, die mich wegen einer reaktiven Depression zu einer Kriseninterventionaufsuchte. Vor einigen Monaten war bei ihr ein Brustkrebs diagnostiziert und operiert worden. Obwohl die Prognose günstig ausfiel, versank Frau L. in einem Loch tiefer Verzagtheit und Hoffnungslosigkeit. Auch ihr Mann war von der Diagnose so gelähmt, dass er seiner Frau außer Mitleid und Trauer keine konkrete Hilfe bieten konnte. Frau L. wurde völlig passiv und antriebslos, verschob ihre Projekte, versäumte Termine und stellte ihre Arbeit schließlich ganz ein. Was ihr noch größere Schuldgefühle verursachte, war die Vernachlässigung ihrer beiden

Kinder. Sie konnte ihnen nicht nur emotional keine Mutter mehr sein, sondern kümmerte sich auch kaum noch um ihre Versorgung. Stattdessen lag sie die meiste Zeit im Bett und grübelte über ihre Krankheit nach, über die möglichen seelischen Ursachen, für die sie sich die Schuld gab, und über ihr baldiges Sterben, da sie die Auskunft der Ärzte für eine gut gemeinte Täuschung hielt. Den Kontakt zur Umwelt hatte sie völlig abgebrochen. Auch ihre beste Freundin Lisa wollte sie nicht sehen, obwohl diese mehrfach ihren Besuch angeboten hatte.

»Eine solche Krankheit kann einen zunächst völlig aus dem Gleis werfen, und macht Ihre Nieder*geschlagenheit* nur zu verständlich«, sagte ich gegen Ende der ersten Stunde, nachdem ich mir ein ausreichendes Bild über ihre Situation verschafft hatte. »Aber ich frage mich, warum Sie sich noch zusätzliche *Schläge* zufügen, indem Sie selbst die Hilfe Ihrer Freundin aus*schlagen*.«

Für einen Moment hellte sich das Gesicht von Frau L. auf. Offenbar hatte ihr das Sprachspiel gefallen. Wir verabredeten einige Probestunden, um zu sehen, ob die Gespräche sie entlasten könnten.

Eine Woche später erschien Frau L. zum zweiten Termin und brachte mir einen Blumenstrauß mit. »Das war ja ein toller Trick mit Ihrem Wortspiel«, sagte sie, »ein geradezu *schlagendes* Argument, dem ich mich nicht entziehen konnte. Ich habe noch am gleichen Nachmittag Lisa angerufen, und seitdem ist sie täglich oft mehrere Stunden bei uns. Es geht mir wirklich schon viel besser.«

Lisa, so stellte sich im Verlauf dieser und der wenigen noch folgenden Stunden heraus, war die verlässlichste Freundin von Frau L. seit der frühen Kindergartenzeit ihrer beider Kinder, wo sie sich kennen gelernt hatten. Lisa arbeitete als kaufmännische Angestellte in einem Industriebetrieb, eine warmherzige, zupackend praktische Frau mit viel Humor und einem großen Lachen. Durch viele Unternehmungen und gemeinsame Familienferien war ihre Vertrautheit gewachsen. Die beiden Frauen hatten inzwischen einige Stürme erlebt, schwere Kinderkrankheiten, den langsamen, quälende Tod von Frau L.'s Mutter, und zuletzt Lisas schmerzliche Trennung von ihrem Mann, der die Familie eines Tages ohne Ankündigung wegen einer anderen Frau verlassen hatte. Dabei konnten sie sich immer aufeinander verlassen und waren sich unentbehrlich geworden. Frau L. konnte selbst nicht begreifen, warum sie jetzt bei ihrer eigenen Krankheit Lisa auswich. Offenbar hatte die Krankheit zu einer derart traumatischen Erschütterung ihres Selbstwertes geführt, dass sie, wie bei Traumapatienten bekannt, ihr Innerstes bis zur psychischen Ertaubung nach außen hin versiegelte.

Lisas Einfühlung war erstaunlich. Am ersten Nachmittag sagte sie nichts, fragte Frau L. nicht aus, brachte ihr nur eine Tasse Tee ans Bett und verschwand in der Wohnung. Dort räumte sie das Zimmer der Kinder auf, wusch und bügelte ihre Wäsche, goss die Zimmerpflanzen, wischte Staub von den Möbeln und saugte einmal durch. Am nächsten Tag schleppte sie Blumen und Erde auf den Balkon und bepflanzte die Kästen. Danach massierte sie Frau L. den Rücken, legte sich zu ihr, nahm sie in den Arm, und beide lagen lange so da und schwiegen. Bevor sie wegging, ließ sie Frau L. eine Bescheinigung unterschreiben, die Lisa berechtigte, bei Frau L.'s behandelnden Arzt den Originalbefund des pathologischen Instituts abzuholen. Sie brachte ihn am nächsten Tag mit. Der operierte Tumor wurde darin als Anfangsstadium »mit guter Prognose« diagnostiziert.

Langsam kehrten die Lebenskräfte von Frau L. zurück. Lisa unternahm mit ihr lange Spaziergänge, nahm sie an einem Tag mit zu einer Vernissage, an einem anderen gingen sie zusammen in ein Konzert. Lisa erledigte weiter die Einkäufe, kümmerte sich um die Schularbeiten der Kinder, und allmählich fanden sie ihre gemeinsame Sprache wieder. Stundenlang saßen sie zu Hause oder in einem Cafe am

Wasser. Frau L. erzählte von ihren Ängsten, ihrer Sorge um die Kinder, falls sie bald sterben müsse, von den mit Rundfunksendern und Zeitungen bereits verabredeten Themen, die sie gerne bearbeiten wollte. Lisa sprach von ihrem Sohn Sven, der wegen seiner Lernbehinderung wahrscheinlich auf eine Sonderschule wechseln müsse, von ihrem geschiedenen Mann, der keinen Unterhalt zahlte und sich nicht mehr um die Kinder kümmerte, von den Schikanen und Anzüglichkeiten der Männer in ihrem Betrieb und von der ersten Begegnung mit Peter, der sich seit ihrer Trennung um sie bemühte.« Er ist ein netter Kerl, aber sein Bauch ist so dick, dass ich gar nicht weiß, wie die schönste Sache der Welt zwischen uns funktionieren soll.« Da war plötzlich wieder das Lachen da, das Lachen der Freundinnen.

Freundinnen. Mütterlich beschützende Objekte, Oasen des Vertrauens, Hilfs-Ich, Katastrophenschutz, Bollwerke, Rettungsanker. Wenn Frauen durch Männer mehr Anteilnahme, Interesse und Unterstützung erhielten, wenn ihnen im Berufsalltag und bei beruflich gesteckten Zielen durch die Männerwelt nicht so viele Steine in den Weg gelegt würden, wenn die Aufgaben in der Familie gerechter verteilt wären, wenn Frauen in der Partnerschaft und Ehe mehr Sicherheit hätten, statt in der Sexualität ausgenutzt, durch Untreue gedemütigt, durch Gewalt bedroht und durch Verlassen demoralisiert zu werden, wenn, wenn, wenn …, dann müssten sich Freundinnen weniger durch alle diese emotionalen, sozialen, moralischen und materiellen Stützen behaupten. Dann ginge ihnen aber auch ein tragender Pfeiler dieser Beziehung, ein reicher Schatz an menschlicher Erfahrung verloren.

Obwohl es Frauenfreundschaften in sich wandelnden Formen sicher seit Beginn der menschlichen Geschichte gab, worauf das Beispiel der ägyptischen Frauen am Nildelta hinweist, ist es kein Zufall, dass sie erst in den letzten Jahrzehnten zu einem wissenschaftlichen und öffentlichen Interesse wurden. In dieser Zeit entstand eine neue Freundschaftskultur zwischen Frauen, wie sie von der Antike bis zur Romantik nur von Männern überliefert ist.[17] Diese Entwicklung hängst unmittelbar mit der Emanzipationsbewegung seit Mitte der 60er Jahre des vorigen Jahrhunderts zusammen, die radikaler als alle entsprechenden Bewegungen vor ihr das Gesellschaftsgefüge verändert und vor allem die traditionelle Familie umstrukturiert hat. Die bekannten Folgen der Umbrüche – die alternativen Familien- und Partnerschaftsformen – wurden durch Zeitströmungen verstärkt, die eine zunehmende Individualisierung vorantrieben. Die wachsende Zahl allein erziehender Mütter und kinderloser Singles, mehrheitlich Frauen, sind ein beredter Ausdruck des historischen Wandels.

Zu Beginn der neuen Emanzipationsbewegung bildeten sich Frauenfreundschaften als Bündnisse und Kampfgemeinschaften zur Abschaffung des Patriarchats. Es war eine Befreiungsbewegung, in der es nicht nur um die Durchsetzung von Gleichberechtigung ging. Psychologisch wichtiger wurde die Suche nach dem Selbstwert und der Selbstidentität als Frau, nach einem Selbstbewusstsein, das bis dahin durch die patriarchale Entmündigung bis zur Selbstverleugnung verschüttet war. Nie vorher hatten sich Frauen so intensiv mit Fragen ihrer Weiblichkeit, ihres Körpers, ihrer Sexualität, ihrer Mutterrolle, ihrer Beziehung zu Männern und schließlich ihrer Stellung in Beruf und Gesellschaft auseinander gesetzt. So wurden die politischen Bündnisse als Reflex auf die gesellschaftlichen Verhältnisse um eine private Dimension erweitert.

Ab jetzt nahmen Frauenfreundschaften zusätzlich den Charakter intimer Bindungen an. Nur im Spiegel der Freundin konnte man herausfinden, wer man als Frau wirklich war, konnte durch wechselseitige Identifikation gemeinsam wachsen und eine selbstbewusste Identität ausbilden. Die ursprünglich von der Mutter eingeleitete Individuation als

Frau kam in der Orientierung an der Freundin und in der verantworteten Bezogenheit auf sie zum Abschluss. Freundschaft zwischen Frauen bedeutete fortan Weiterentwicklung, das Heraustreten aus der Unmündigkeit und die Abgrenzung von der Männerwelt. Damit konnte die dunkle Geschichte der Frau überwunden und gemeinsam eine persönliche, hellere Geschichte gestaltet werden.

Die damals erreichte Einheit von politischer Arbeit und individueller Reifung in Frauenfreundschaften, die Erkenntnis über den dialektischen Zusammenhang von Politik und Privatheit, scheint heute bei einer Mehrheit von Frauen wieder in den Hintergrund zu treten. Aber die junge Frauengeneration hat das Erbe, das ihre Mütter für sie erstritten haben, verinnerlicht und wird es in der Ausgestaltung ihrer Freundschaften weiter verwalten. Dennoch birgt die Entpolitisierung der Gesellschaft und die zunehmende Vereinzelung des Subjekts die Gefahr in sich, dass Frauenfreundschaften wieder ausschließlicher in den Dienst persönlicher Bedürfnisse gestellt werden.

Ein Indiz dafür sind die Themen, über die sich Freundinnen nach übereinstimmenden Forschungsergebnissen am häufigsten austauschen: In erster Linie und mit weitem Abstand zu anderen Inhalten geht es in den Gesprächen um Männer; danach folgen Gespräche über andere Beziehungen, vor allem über die Beziehung zwischen den Freundinnen selbst; einen dritten Themenschwerpunkt bilden die Kinder. Gespräche über berufliche, kulturelle, gesellschaftliche, politische oder spirituelle Fragen und Interessen treten dagegen zurück. Auch diese Befunde bleiben in der Fachliteratur unkommentiert, wodurch der offenen oder heimlichen Neigung von Männern Vorschub geleistet wird, die langen Gespräche zwischen Freundinnen als »Getratsche« abzutun und in ihren Inhalten zu disqualifizieren. Hiermit tut sich ein neues Unrecht auf. Deswegen müssen wir die Befunde genauer betrachten.

Warum unterhalten sich Freundinnen so ausgiebig über Männer? An die vorangehenden Überlegungen zum Geschlechterverhältnis lassen sich einige Vermutungen anschließen. Anders als bei Sachthemen sind Gespräche über persönliche Anliegen überwiegend problemzentriert. Sie dienen in erster Linie dem besseren Verständnis und der Bewältigung ungelöster Konflikte. In Gesprächen kann man abladen, was einen bedrückt, und neue Kraft auftanken. Die Solidarität, ein Zentralbegriff internationaler Befreiungskämpfe, meinte in der Emanzipationsgeschichte des letzten Jahrhunderts den Zusammenschluss aller Frauen zur Abschaffung einer patriarchalen Gesellschaftsordnung. In dem Maße, in dem das politische Anliegen den privaten Bereich einbezog, wurde Solidarität zu einem tragenden Begriff auch in Frauenfreundschaften, und ist heute aus allen ihren Bekundungen nicht mehr wegzudenken.

Solidarität meint eine Zusammengehörigkeit, in der man für den anderen da ist, in der man sich auf ihn verlassen kann, um gemeinsam gegen die Unbilden des Lebens gewappnet zu sein. Ein solcher Zusammenhalt zwischen Freundinnen ist besonders in der Auseinandersetzung mit der Männerwelt nützlich. Sie bildet den harten Gegenpol zur eigenen Geschlechtsrolle, zu ihr besteht das intensivste Spannungsverhältnis im Bereich menschlicher Beziehungen. Deswegen liefern Männer in Frauenfreundschaften den reichsten Gesprächsstoff. Das Dominanzstreben des Mannes ist ein ewiger Widersacher im Leben der Frau. Gegen ihn muss sie Techniken und Abwehrstrategien entwickeln, um nicht von ihm vereinnahmt zu werden. In der Solidarität mit der Freundin werden Frauen zu Meisterinnen der Verteidigungslist. Wenn sie miteinander reden und sich ihr Herz ausschütten, tauschen sie nicht nur ihre Enttäuschungen, ihre Verzweiflung und ihr Unglück aus, geben sich Trost und teilen den Schmerz gemeinsam; sie bauen sich auch gegenseitig auf, indem sie ihren Erfindungsreichtum mit Ironie, Witz und

Satire würzen, um den Widersacher wirkungsvoll enttarnen, entwaffnen und lahm legen zu können. Auch bei ihren Geheimnissen dürfte es in der Mehrzahl um Dinge gehen, über die Männer, würden sie ihnen bekannt, erbleichen müssten. Wenn Freundinnen in dieser Weise füreinander einstehen, ist die Macht der Männer schon halb gebrochen, und ihr mangelndes emotionales Verständnis und ihre dürftige Unterstützung werden leichter verschmerzt.

Aber es gibt auch die Kehrseite. Wenn sich Freundinnen am Nachbartisch in einem Café oder bei einem Telefonat plötzlich vor Lachen ausschütten, kann man als Mithörer von Gesprächsfetzen ziemlich sicher sein, dass es um die andere Außenansicht des Mannes geht, um seine Schwächen, seine Lächerlichkeit, seine Verführ- und Manipulierbarkeit, aber auch um seine Attraktivität.

»Reintraut ruft an und behauptet, sie kriege gar nichts mehr von mir mit und ob ich denn jetzt schon so ein verknotetes Pärchen sei, dass ich überhaupt keine Zeit mehr für meine alten Freundinnen hätte, Na, die bekommt was zu hören. Reintraut, sage ich, nur weil ich in meiner kargen Freizeit von zwei Wochen pro Monat ein paar Tage lang mit demselben Mann getändelt habe, brauchst du noch lange nichts Falsches von mir zu denken. Erstens: Ich bin kein Pärchen, ich habe nur zufällig meine Promiskuitäts-Frequenz ein wenig gedämpft, weil Christian sich unerwarteterweise als ziemlich pflegeleicht und amüsant herausgestellt hat. Und zweitens, wieso, ich hab doch Zeit für dich!«[18]

Reintraut ist die beste Freundin von Judith, der Protagonistin des zeittypischen, schräg-witzigen Romans der Jungautorin Jenni Zylka »1000 neue Dinge, die man bei Schwerelosigkeit tun kann«, ein kesses und selbstironisches Portrait über Freundschaften in der jungen Frauengeneration. Schlaglichtartig verdeutlicht der Roman, wie sich Freundschaften im historischen Vergleich nicht in ihrer emotionalen Wertigkeit, aber in ihren Ausdrucksformen und im praktischen und reflektiven Umgang mit der Außenwelt wandelt. Anders als ihre Großmütter, die im Kränzchen der Freundinnen ihre Nachmittage beim Bridgespiel mit Kaffee und Kuchen und einem anschließenden Likörchen verbrachten, und ihren Müttern, die bei Demonstrationen untergehakt durch die Straßen zogen und mit Freundinnen in hitzigen Debatten über die richtigen Strategien des politischen Kampfes stritten, hat die Töchtergeneration deren kritisches Erbe durch eine illusionslose Sachlichkeit und Skepsis ersetzt, die sich als »Schwerelosigkeit« maskiert. Es gibt »1000 neue Dinge, die man tun kann« – so vergnügt und lebendig, so beliebig ist die Welt geworden. Aber die distanzierte Heiterkeit der komödiantischen Seiltänzer täuscht. Auch wenn in der Generation von Jenni Zylka die Frauen stärker und die Männer schwächer wurden, sind ihre Beziehungen nicht einfacher als in früherer Zeit; freier, selbstbestimmter, das schon, aber auch willkürlicher, flüchtiger, wodurch die Konflikte verlagert, im Grad ihrer seelischen Belastung jedoch kaum geringer werden. So ist es kein Wunder, dass auch bei Zylka unter den »1000 Dingen«, die Freundinnen gemeinsam inszenieren, durchratschen, bewitzeln, belachen und beweinen, die Männer den ersten Rangplatz behaupten.

Den zweiten Schwerpunkt in den Gesprächen zwischen Freundinnen bilden Beziehungsfragen zu anderen Personen, insbesondere zu sich selbst. Wenn dieser Forschungsbefund stimmt, muss es Gründe dafür geben. Einer wurde bereits genannt: Die wechselseitige Identifikation, die in der vertrauten Beziehung zur Freundin das Selbst wachsen lässt und die weibliche Identität festigt, findet hauptsächlich über das Gespräch statt. Aber was heißt das konkret, sich im Spiegel der Freundin selbst erkennen? Es ist wie im Märchen von Schneewittchen: »Spieglein, Spieglein an der Wand, wer ist die Schönste im ganzen Land?« Die Freundin, so sie denn eine ist, antwortet wie das Spieglein – mit der Wahrheit. Sie sagt einem, wie schön man ist, wie erotisch, humorvoll und charmant, sie bewundert das Kleid der Freundin, ihren Geschmack, zählt vieles auf, was sie bewundert und zaubert durch ihre Bestätigungen ein neues Selbstbild hervor. Aber da ein Spiegel nicht zu täuschen ist, konfrontiert einen die Freundin auch unverblümt mit unangenehmen Wahrheiten, zum Beispiel, was sie anders beurteilt oder welche Eigenschaften sie nicht akzeptieren kann, die häufige Nörgelei, die überhöhten Ansprüche, die Streitsucht, den Hochmut, die Launen. Wenn man in diesen Spiegel schaut, hat man, wie die Königin im Märchen, die Wahl: Man kann, wie diese, vor Gekränktheit und Wut platzen und die Freundin zum Teufel wünschen. Dann zerbricht der Spiegel. Mann kann ihre Kritik aber auch als Chance nutzen, sich selbst in einem neuen Licht zu betrachten und durch Einsicht und Selbsterkenntnis den eigenen Charakter und das Verhalten ändern. Welch ein Geschenk! Wenn man selbst freundschaftsfähig ist, was voraussetzt, dass man sich selbst ein guter Freund sein kann, wird man dieses Geschenk nicht ausschlagen, sondern dankbar annehmen und in gleicher Weise zurückgeben. Das unterscheidet Freundschaften von anderen Bindungen – sich die Wahrheit sagen zu können. Deswegen ist das Gespräch über die Beziehung so wichtig. »Wie offen, wie ehrlich bist du zu mir, wie siehst du mich, wie sehr vertraust du mir, wie stark erkennst du mich an, was lehnst du an mir ab?« Fragen über Fragen, die Unsicherheit, Ängste und Selbstzweifel verbergen, wie sie in allen beheimatet sind. Im Gespräch mit der Freundin lassen sie sich abmildern, wenn man lernt, sich selbst mit ihren Augen zu betrachten. Aus dem zunächst äußeren Spiegel ist ein Introjekt geworden, die verinnerlichte Freundin, auf deren Stimme man noch hört, wenn das Gespräch längst beendet ist, und der Alltag einen wieder getrennt hat.

Nur im Gespräch, das ist sein tiefster Grund, kann man sich seiner selbst und der Freundin vergewissern und in der Beziehung sicher fühlen. Dieses Sicherungsbedürfnis, so scheint es, ist bei Frauen ausgeprägter als bei Männern. Oder entspricht es mehr ihrer Natur, ihre Abhängigkeit vom Schutz durch Freundschaften besser zu verbalisieren? Die Frage lässt sich im folgenden Kapitel genauer beantworten.

Das dritte wichtige Thema in Frauenfreundschaften sind die Kinder. Oft werden die Freundschaften erst durch die Kinder gestiftet, die ihre Freunde aus dem Kindergarten oder der Schule mit nach Hause bringen. Daraus ergeben sich erste Kontakte und Gemeinsamkeiten. Wenn daraus Freundschaften entstehen, sind häufige Gespräche über die Kinder die natürlichste Sache der Welt. Da dieser Zusammenhang jedoch sonst kaum erklärt wird, erscheint mir eine Vertiefung notwendig. Das Thema Kind spielt bei den meisten Freundinnen, heute mehr denn je, eine wichtige Rolle, lange bevor ein Kind geboren wird.

Der Kinderwunsch kann für viele Frauen zu einer jahrelangen und zermürbenden Frage werden, die durch die unterschiedlichen Vorbilder der Freundinnen maßgeblich beeinflusst wird und sich mit ihnen leichter klären lässt, wie auch immer die Entscheidung ausfallen mag. Das Gleiche gilt für ungeplante Schwangerschaften, bei denen die Ambivalenz zwischen dem Wunsch nach einem Kind und einer Abtreibung zu einer schweren Zerreißprobe anwächst. Freundinnen können sich in diesen Konflikt in der Regel sehr viel besser einfühlen als die potentiellen Väter, die in ihrer Pro- oder Kontraeinstellung meist eindeutigere Positionen beziehen.

Wenn die Entscheidung für das Kind gefallen ist, kreisen die künftigen Gespräche zwischen den Freundinnen um Schwangerschaft, Geburtsvorbereitung, Still- und Ernährungsgewohnheiten, Kinderkrankheiten, Erziehungsfragen und schließlich um die Vereinbarkeit von Kind und Beruf. In all diesen schwierigen Aufgaben, die bei vielen Frauen von Zweifeln an der eigenen Kompetenz und von Schuldgefühlen begleitet sind, lernen Freundinnen voneinander, tauschen Informationen aus und fördern sich wechselseitig, indem sie sich zu neuen Schritten herausfordern. Aus diesem gemeinsamen Lernprozess schöpfen Freundinnen nicht nur viel Kraft und Optimismus, sie entdecken auch ihre Verschiedenartigkeit, an der sie partizipieren können, Jede hat eine andere Inspiration in der Beziehung zum Kind, jede kann sich von der Freundin inspirieren lassen.

Aber noch auf einer anderen Ebene fördern die Gespräche die Selbstakzeptanz in der Mutterrolle und tragen zur Stabilisierung der Mutter-Identität bei. Die Sorge um das Kind und das Schutzbedürfnis gehören zu den elementaren mütterlichen Gefühlen. Kaum ein Kind kann auf Dauer die elterlichen Idealansprüche erfüllen. Bis weit in die Pubertät und darüber hinaus gibt es bei vielen Kindern und Jugendlichen irgendwann, wenn auch meist vorübergehend, Brüche in der Entwicklung, die mit Schwierigkeiten in der emotionalen, geistigen oder sozialen Reifung einhergehen. In heutiger Zeit nehmen ernsthafte psychische, psychosomatische und dissoziale Störungen mit Gewaltbereitschaft, Verwahrlosung, Sucht und Kriminalität deutlich zu.

Wer hilft den Müttern in diesen belastenden Situationen, wer versteht sie? Nach meinen Erfahrungen nimmt der Druck der Öffentlichkeit auf die Mütter zu und macht sie für ihr angebliches Versagen verantwortlich. Viele Väter, berechtigt oder nicht, halten die Sorgen der Mütter für übertrieben, sie verharmlosen die Probleme und halten sich raus. Therapeuten sind oft der letzte Notnagel. Aber bis dahin sind es die Freundinnen, die die quälenden Ängste und Sorgen der Mütter teilen. Indem sie miteinander sprechen, nehmen sie die Freundin mit in die Verantwortung. Sie vertrauen sich die Kinder gegenseitig an und überantworten sie dem gemeinsamen Schutz. Darin scheint mir der tiefere Sinn der Gespräche über Kinder zu liegen. Es sind sehr oft Frauen, die sich um das Sorgenkind der Freundin kümmern, die ihm in Notsituationen beistehen, es seelisch und materiell unterstützen, und ihm Interesse und Fürsorge vermitteln, wenn die Kräfte der Mutter verbraucht sind. Durch das unmittelbare Verstehen und die spontane Bereitschaft zur Hilfe dienen Frauenfreundschaften nicht nur dem eigenen Schutz, sie beziehen die Kinder selbstverständlich mit ein.

Die Erfahrungen mit Männern, die Beziehungen untereinander und die Freuden und Leiden mit den Kindern sind die drei Lebensthemen, die zwischen Freundinnen verhandelt werden. Sie bilden das emotionale Zentrum, um das das Schicksal der Frau angesiedelt ist, ihre persönliche Geschichte, die zugleich, wenn heute auch in veränderter Form, die Geschichte ihres Geschlechts widerspiegelt. Sich in der Freundschaft dieser Geschichte zu vergewissern, treibt die Selbstachtung und das Gefühl der weiblichen Identität voran. Die Emanzipation der Frau ist nicht zuletzt die Emanzipation zu einer produktiven Freundschaftskultur, die in den Jahrhunderten des Patriarchats in der gesellschaftlichen Anerkennung ausgegrenzt und verhindert wurde und erst langsam erkämpft werden musste. Durch das Heraustreten aus dem langen Schatten des Mannes und die dramatischen Veränderungen der Frauenrolle in Familie und Gesellschaft hat sich auch das Spektrum der Freundschaftsthematik erweitert. Durch die erhöhten Bildungschancen und die Berufstätigkeit der Frau und ihre aktive Mitgestaltung des kulturellen, wissenschaftlichen und politischen Lebens haben die drei großen persönlichen Lebensthemen zwar nichts an ihrer Bedeutung verloren, aber Freundinnen reden heute auch über diese öffentlichen Fragen, unterstützen sich beruflich, engagieren sich in sozialen Projekten und Initiativen der Bürgerrechts- Friedens- und Ökologiebewegung, treiben gemeinsam Sport, verreisen zusammen, bilden sich fort und genießen zusammen die ungeahnten Freiheiten, die, wie in keiner Zeit zuvor, die demokratischen Fortschritte der Gesellschaft mit sich gebracht haben.

Diese Bereicherung bedeutet Lebenserweiterung, die die Freundschaftskultur der Frauen entscheidend geprägt hat.

Sie befreit Frauen zu den Gefühlen, mit denen sie weit mehr als Männer begnadet sind, und mit denen sich Freundinnen gegenseitig anstecken – unbeschwerte Freude, unbändiger Spaß, fröhliche Heiterkeit und überschäumendes Lachen. Beneidenswert! Ein Urgefühl des Wohlbehagens, das in ein wortloses Verstehen mündet, wenn sich die Freundinnen auf diese Weise gefunden haben, sich nah sind, und sich in der zärtlichen Umarmung ihre Busen berühren.

Die Frauen am Nildelta wissen, warum sie das Risiko der Wurmerkrankung eingehen. Ohne ihre Freundinnen könnten sie die Belastungen ihres schweren Lebens auf Dauer nicht ertragen.

IV. »Eines Freundes Freund zu sein«
Männerfreundschaften

»Entscheidend ist nicht, was du sagst, entscheidend ist, was du tust.« Die Formulierung drückt am schlüssigsten einen grundlegenden Unterschied zwischen Frauen- und Männerfreundschaften aus. Um dabei Missverständnisse zu vermeiden: Wie im letzten Kapitel beschrieben, kennen auch Freundinnen zahlreiche Aktionsbereiche, die sie zusammen lustvoll gestalten. Aber die Prioritäten liegen bei beiden Geschlechtern anders. Für den Mann besteht der Beweis der Freundschaft weniger im Gespräch – er will »Taten sehen«.

»Ich glaube, Louis, dies ist der Beginn einer wunderbaren Freundschaft!« Wenn der deutsche Emigrant Rick in der Schlussszene des Kultfilms »Casablanca« den französischen Polizeipräfekten Louis unterhakt und beim Verlassen des Flugfeldes den Satz ausspricht, schlagen die Herzen der Männer höher, und sie werden ihn, noch trunken von den Ereignissen, auf dem Nachhauseweg wiederholen und sich später noch oft aufsagen. Kurz vorher hat Rick den deutschen Besatzungsmajor Strasser erschossen, um dem Widerstandskämpfer Laszlo und seiner Frau Ilsa die Flucht in die Freiheit zu ermöglichen. Während Frauen über den altruistischen Verzicht Ricks auf die große Liebe zu Ilsa Tränen vergießen, sind die Männer von seinem Mut beeindruckt und von der Entschlossenheit des französischen Präfekten, den Mord gegen seine Pflicht zu decken – in dem Film eine wortlose Handlungseinheit, die den Bund der Freundschaft besiegelt.

Nicht zufällig wird der Satz von Rick im Alltag und in der Literatur über Männerfreundschaften häufig zitiert, allerdings ohne das Bewusstsein über den tieferen Grund seiner Faszination. Die wehmütige Sehnsucht nach dieser Art von Freundschaft bleibt bestehen, auch wenn das Motiv meist unbewusst ist. Von der Antike bis zu Schiller war es noch zeitgemäß, es zu benennen: Es war das Heroische der Tat, das zum Freundschaftsbeweis wurde.

In Schillers berühmter Ballade »Die Bürgschaft« will Damon durch die Ermordung Dionys' »Die Stadt vom Tyrannen befreien.« Er wird gefangen und zum Tode verurteilt. Der König gewährt ihm eine Zweitagesfrist, um seine Schwester noch verheiraten zu können. Als Bürgen behält er den Freund von Damon Phintios zurück.

> »Und schweigend umarmt ihn der treue Freund
> und liefert sich aus dem Tyrannen.«

Nach der Hochzeit eilt Damon zurück nach Syrakus, wird aber von schweren Unwettern an der Überquerung des Flusses gehindert. Von verzweifelter Angst um das Leben des Freundes getrieben, wagt er das Unternehmen und verliert dabei viel Zeit.

> »Und ist es zu spät und kann ich ihm nicht
> Ein Retter willkommen erscheinen,
> So soll mich der Tod ihm vereinen.
> Des rühme der blutge Tyrann sich nicht,
> Dass der Freund dem Freunde gebrochen die Pflicht –
> Er schlachte der Opfer zweie
> Und glaube an Liebe und Treue.«

Damon stürzt weiter und erreicht den Richtplatz, als die Kreuzigung des Freundes gerade beginnen soll.

> »Mich, Henker!« ruft er, »erwürget!
> Da bin ich, für den er gebürget!«

Der König erweicht von dieser »Wundermär« und gibt den beiden die Freiheit.

»Und die Treue, sie ist doch kein leerer Wahn –
So nehmet auch mich zum Genossen an.
Ich sei, gewährt mir die Bitte,
In eurem Bunde der Dritte.«

Schiller greift mit der idealistischen Ballade eine antike Tradition auf, in der das heroische Element zu einer moralischen Qualität des Freundschaftsmotivs wird und viele Freundespaare berühmt gemacht hat. So haben Homer in der »Ilias« Odysseus und Diomedes, Achilles und Patroklos und in der »Odyssee« Theseus und Peirithos, und später Euripides in der Tragödie »Iphigenie bei den Taurern« Orest und Pylades Denkmäler errichtet, die Männerfreundschaften als aufopferungsvolle Treuebündnisse bezeugen, in denen, als symbolische Verdichtung, der Einsatz des eigenen Lebens den höchsten Freundschaftsbeweis liefert.[19]

Es sind der Aufstand gegen Unterdrückung und Tyrannei, die Empörung gegen das Unrecht, der Widerstand gegen ein feindliches Schicksal, die Männer im Geist verbündet, in Treue zusammenschweißt und in unbedingtem Vertrauen auf gegenseitige Verlässlichkeit zu Freunden macht. Heute gilt »Casablanca« als Melodram, das man aus der Distanz belächelt und nur heimlich genießen kann, weil es einfach zu schön ist. Ein anderes Beispiel für solche Mythenbildung in unserer Kultur ist der Western, jene verpönte, bei den meisten Männern so beliebte Filmgattung, in der das Heroische der Freundschaft ungeschminkt in Szene gesetzt wird, in der das Gute siegt, weil ihm zwei Freunde mit ihren Pistolen zum Recht verhelfen. Die legendären Westernhelden Wyatt Earp und Doc Holyday machen nicht viel Worte, bevor sie zur Tat schreiten und sich am Ende für den Freund opfern.

»Seid bereit! Allzeit bereit! Freundschaft!« hieß der Fahnenappell der FDJ und der jungen Pioniere der SED. Wozu bereit? Natürlich zum Kampf gegen den kriegslüsternen Imperialismus des Kapitals.

Und Männer die Soldaten waren? Worüber reden sie? Über Freundschaft! Ihre oft schwärmerischen Berichte über die Kriegszeit sind nur so zu verstehen, dass sie das Grauen verdrängt haben, es verleugnen oder einfach nicht darüber reden wollen, während das einzige, was ihnen als Trost blieb, ihre Freundschaftserfahrungen als Erfüllung eines archaischen Wunsches im Gedächtnis heroisiert wird. In Europa hatten wir gehofft, dass es dieser Art des Heroischen nicht mehr bedarf, um Freundschaft zu stiften. Aber für zigtausende von Männern ist diese besondere Freundschaftsform an den zahllosen außereuropäischen Kriegsfronten wieder aktuell geworden.

Die Ursprünge des Heroischen in Männerfreundschaften sind leicht zu rekonstruieren. Die Geschichte des Mannes ist bekanntlich eine Geschichte des Kampfes. Sie reicht in die prähistorische Zeit zurück, in der Männern die Aufgabe zufiel, Frauen und Kinder zu ernähren und zu schützen – durch Jagen, durch Verteidigung, ob gegen Naturkräfte oder Feinde, oder durch die kämpferische Erweiterung des eigenen Territoriums. Die Geschichte des Mannes ist eine Geschichte des Krieges. Aber weil Krieg etwas Schlechtes und Freundschaft etwas Gutes ist, sucht man diesen Zusammenhang in der Fachliteratur vergeblich. Und doch war der Mann durch seine sozialen Funktionen als Ernährer, Beschützer, Verteidiger und Eroberer von Beginn der menschlichen Geschichte an auf Freunde angewiesen, um mit ihrer Verstärkung Bedrohungen leichter abwehren und Ziele schneller erreichen zu können. Die Notwendigkeit, sich ständig in Gefahrensituationen bewähren zu müssen, liefert wahrscheinlich das entscheidende Grundmotiv zur Bildung von Männerfreundschaften. Der Zusammenschluss und der gegenseitige Schutz der Freunde manifestierte sich im gemeinsamen Handeln. Dabei war das Gespräch eher hinderlich. Zum Anschleichen und Sich-verstecken, zum Losstürmen oder Flüchten, den archetypischen Formen des

Kampfes, genügten Zeichen und Zurufe. Je leiser man war, umso sicherer der Sieg. Solche archaischen Verhaltensmuster setzten sich später in den organisierten Kriegen weiter durch. Der Wechsel von höchster Anspannung und tiefster Erschöpfung, oft gepaart mit entsetzlichen Schmerzen bei eigenen Verletzungen oder mit Trauer über den Tod eines Freundes, ließ das Gespräch erstarren.

Die zum Überleben notwendige Aggression des Mannes wurde außerhalb kämpferischer Auseinandersetzungen für die Bewältigung des Alltags in konstruktiver Arbeit sublimiert. Männer erfanden Werkzeuge, mit denen sie Hütten und Ställe bauten, Zäune errichteten, Land bewirtschafteten – Tätigkeiten, bei denen der praktische Rat und die Hilfe der Freunde gefragt waren. Auch dabei musste nicht viel gesprochen werden.

Von dieser erfreulichen Seite der archaischen Männerfreundschaft bis heute ist nur ein Katzensprung. Aus der Freundschaftsforschung ist bekannt, dass Männerfreundschaft im Unterschied zu Freundschaften zwischen Frauen hauptsächlich in gemeinsamen Aktionen statt in Gesprächen gestaltet wird. Freunde helfen sich beim Bau eines Eigenheims, bei Reparaturen an Haus, Wohnung oder Auto, sie treiben gemeinsam Sport, machen Radtouren oder Wanderungen durch den Himalaya, suchen das Abenteuer auf gewagten Segeltörns, Autofahrten durch die Sahara und beim Urwaldtracking. Die Befriedigung durch körperbetonten Tatendrang und erfüllte Tatenlust, die unvorhersehbaren Erlebnisse und Erinnerung an sie, bilden für Männer oft erst die Voraussetzung, sich näher zu kommen und die Freundschaft im Gespräch zu vertiefen.

Diese über eine lange Traditionsgeschichte ererbte Handlungsmotivation des Mannes, die durch seine biologische Veranlagung zu körperlichem Kraftüberschuss und motorischen Aktionsdrang einen ständigen Zufluss erhält, taucht in der Fachliteratur zur Männerfreundschaft und in der feministischen Kritik kaum auf. Stattdessen werden die im Vergleich zu Frauen geringer entwickelten emotional-kommunikativen Fähigkeiten des Mannes als Grund für seine wenigen Freundschaften angeführt. Kurz gefasst lautet die bekannte Botschaft: Männer zeigen keine Gefühle und sprechen nicht über ihre Probleme, daher sind sie nicht freundschaftsfähig.

So hält der Männerseelsorger Hans Georg Wiedemann ein leidenschaftliches »Plädoyer für die Männerfreundschaft«, so der Titel seines Buches, indem er »Zärtlichkeit« und »körperliche Nähe« als Fundamente einer neuen Freundschaftskultur propagiert und in Männergruppen die Überwindung der »Homophobie« üben möchte. Auch der bekannte Männerforscher Walter Hollstein setzt auf Männerberatungsstellen, Männertreffpunkte und Männerzentren, um Männer aus ihrer selbstverschuldeten Seelenunmündigkeit herauszuführen. Er sieht den Grund für den Mangel an Männerfreundschaften im alles durchwirkenden Prinzip der Konkurrenz in der Männerwelt: »Von daher wundert es nicht, dass im deutschsprachigen Raum nur ca. 14 Prozent der Männer einen Freund haben. Natürlich nennt man »Kumpels« sein eigen, mit denen man zum Fußball-Match geht oder ein Bier trinken. Wenn es aber darum geht, einen Mann zu kennen, der einem so nah und vertraut ist, dass man ihm auch ein Problem gestehen kann, dass man mit ihm über Sorgen und Nöte zu reden wagt, dann verfügen 86 Prozent der Männer über keinen Freund.«[20]

Wie kommt Hollstein auf diese Zahlen? An früherer Stelle schreibt er: »Wenn wir die vorliegenden empirischen Untersuchungen zusammenfassen, so ergibt sich schwerpunktmäßig, dass 60 Prozent der Befragten mit anderen Männern Sport treiben, in die Kneipe gehen und Ausflüge machen, 26 Prozent über Arbeit, Karriere und Politik diskutieren und 14 Prozent miteinander über sich sprechen, persönliche Lebensbereiche und auch private Probleme erörtern.«[21]

Männer sind also nur Freunde, wenn sie sich im Gespräch über private Nöte, Sorgen und Probleme austauschen und über ihre Beziehung sprechen können. Alle anderen Bereiche, die sie in gemeinsamen Aktionen oder in intellektuellen Diskussion über Sachthemen verbinden, erscheinen als nicht freundschaftswürdig. Dieses grobe Missverständnis beruht auf der Verleugnung geschlechtstypischer Unterschiede und dem falsch verstandenen Ansatz der Männeremanzipation, ihre Freundschaften zu »verweiblichen«. Ein psychologisch unbewusstes Motiv für die Abwertung der Männerfreundschaft als Kumpanei könnte in der Enttäuschung begründet sein, dass die aufgeführten Aktionsfelder von Männern, die Rituale von »Bier trinken«, dem Besuch eines »Fußballmatchs«, »Skatrunden« oder »Kegelabenden«, scheinbar das persönliche und heroische Element vermissen lassen. Aber trinken Freunde ihr Bier schweigend, während Frauen bei einem Glas Wein im Gespräch vertieft sind? Und gibt es beim Fußball nicht Helden zu bestaunen, mit denen man sich gemeinsam identifizieren und an ihrem heroischen Kampf partizipieren kann?

Die ZEIT, die 2004 das Thema Freundschaft als »neue deutsche Welle« entdeckte und in zahlreichen Beiträgen variierte, führte in diesem Rahmen ein Interview mit Günter Netzer, der als »Fußballikone« vorgestellt wird und Gerhard Delling.[22] Die bekannten Kommentatoren der Spiele der deutschen Fußballnationalmannschaft in der ARD lernten sich bei der Fußballweltmeisterschaft 1998 kennen, bei der sie »ganze Tage mehr als zwölf Stunden« zusammenarbeiteten und sofort gute Freunde wurden. Beide haben nur »sehr wenige Freunde«, weil sie einen konservativen Freundschaftsbegriff vertreten, der höchste Ansprüche an den Freund stellt. Netzer: »Wenn ich Delling als meinen Freund bezeichne, dann ist das das größte Kompliment, das ich zu vergeben habe. Freundschaft verlangt mir ein Maximum an Höchstleistungen ab. Freundschaft ohne Emotionen – das geht nicht.« Delling: »Ich erwarte sehr viel von einem Freund. Ich muss mich hundert Prozent auf ihn verlassen können. Ich muss ihn zu jeder Tages- und Nachtzeit anrufen können, wenn ich Hilfe brauche. Und ich würde erwarten, in speziellen Situationen, den Rat zu bekommen, der objektiv der beste ist.« Das Besondere an dieser Freundschaft ist, dass beide sich auch im Privaten siezen. Der Grund: »Es erleichtert die Arbeit vor der Kamera. Wir müssen uns nicht verstellen. Im Gegenteil. Es macht die Sache leichter.«

Die sachliche Arbeit – die angespannte Beobachtung der Kampfszenen und Duelle auf dem Rasen und die Präsens auf dem Bildschirm – ist die Basis für die Freundschaft von Netzer und Delling und macht sie zum Medium, das den heroischen Impuls an Millionen meist männlicher Zuschauer weiterleitet und die wilde Begeisterung reflektierend in ihrem Bewusstsein bricht.

In einer anderen Ausgabe der gleichen Wochenzeitung wird der Schauspieler Mario Adorf gefragt: »Was bedeutet Ihnen Freundschaft?«[23] »Freundschaft ist ein großes Wort«, sagt Adorf, »Freunde habe ich immer sehr wenige gehabt.« Kumpelhaftigkeit lehne er ab. »Ich bin alles, nur kein Kumpel.« Mit Gefühlen tue er sich schwer, räumt er ein, oder besser, Gefühle zu zeigen. Aber an einer Stelle des Interviews lässt er es doch zu. Auf die Frage: »Erinnern Sie sich an eine Szene auf der Bühne, die auf einzigartige Weise den Begriff der Freundschaft symbolisiert?« antwortet Adorf: »Merkwürdigerweise fällt mir eine Szene ein, die schon viele Jahre zurückliegt. Kortners Inszenierung von Shakespeares »Julius Cäsar« – der Abschied von Cassius und Brutus, der eine bittet den anderen, ihm das Schwert in den Körper zu stoßen, das war ergreifend für mich.«

Cassius und Brutus waren als Freunde an der Ermordung Cäsars beteiligt, weil sie zum Wohle des Volkes dessen wachsende Machtwillkür beseitigen wollten. Bei Philippi werden ihre Heere von Cäsars Erbfolgern Marc Anton und

Octavius vernichtend geschlagen. Es war das Heldische der Tat, der ultimative Freundschaftsbeweis, der den Schauspieler Adorf emotional berührt hat, weil sich Männerfreundschaft für ihn, so lässt sich vermuten, in solchen archaischen Bildern am vollkommensten erfüllt. Da sich die Freundschaftskonzepte jedoch gewandelt haben, sind solche Bilder ins Unbewusste abgewandert und leben dort weiter fort. Deswegen kommt Adorf die Erinnerung, die er über Jahre in sich gespeichert hat, »merkwürdig« vor. Sie ist es umso mehr, als sich in Shakespeares Tragödie die Freunde nicht gegenseitig entleiben, sondern sich jeder angesichts der Niederlage an verschiedenen Orten des Schlachtfeldes nach römischer Art in sein Schwert stürzt. Ob Kortner, abweichend vom Original, die Szene so inszeniert hat, wie Adorf sie erinnert, oder ob dieser einer Erinnerungstäuschung erlegen ist, fällt für den hiesigen Zusammenhang jedoch nicht allzu sehr ins Gewicht.

Die Sehnsucht nach dem Freund ist die Sehnsucht nach der gemeinsamen Tat. Ein aktuelles Beispiel lieferten Bundeskanzler Gerhard Schröder und Franz Müntefering in einem Interview, das unmittelbar vor der Übergabe des Parteivorsitzes der SPD von Schröder an Müntefering geführt wurde. Müntefering, nach einem pointierten Portrait von Schröder gefragt, sagt: »Bundeskanzler, weiß, was für das Land gut ist, unterwegs in der Tradition der SPD. Ein Individualist, mit dem man aber gut zusammenarbeiten kann.« Schröder, nach seiner Meinung über Müntefering gefragt, antwortet nur mit einem Satz: »Ich hätte ihn gern zum Freund.« Auf die Rückfrage: »Das heißt, er ist es noch nicht?«, sagt Schröder: »Nun, Freundschaft heißt ja mehr als Loyalität. Freund meint mehr als sehr loyal und vertrauensvoll. Freund meint: unbedingtes Sich-aufeinander-verlassen-können. Und wir beide hatten noch keine Zeit, das miteinander auszuprobieren.«

Schröder weiß, wovon er spricht. Bei der Trennung von

Parteivorsitz und Kanzlerschaft ist engste Zusammenarbeit notwendig, damit weder die Partei noch die Regierungspolitik Schaden nehmen. In einer angespannten politischen Situation wie heute stehen beide vor der schwierigen Aufgabe, ein gemeinsames Werk voranzubringen. Müntefering ist überzeugt: »Wir machen was Gutes daraus.« Er kennt seine »eigene Distanziertheit«, will einerseits »kein Kumpel« sein, tut es sich aber auch mit Freundschaften schwer. So ist der Wunsch von Schröder verständlich, und Müntefering versteht ihn auch: nur als Freunde und in vereinter Tatkraft können sie der Herausforderung gewachsen sein.

Allen zitierten Männern ist gemeinsam, dass sie einen hohen Maßstab an Freundschaft anlegen und den Begriff mit Vorsicht und Achtung verwenden, weil er für sie ein kostbares Gut bezeichnet. Deswegen gestehen alle freimütig, dass sie nur wenige wirklich gute Freunde haben. Das gleiche Bild ergibt sich, wenn man ein anderes Buch der Fotografin Ute Karen Seggelke auswertet, das sich von trockener Statistik durch seine lebensnahe und persönliche Unmittelbarkeit unterscheidet. In ihrem Fotoband »Männer über 50« hat sie sechsundzwanzig Interviews dokumentiert. Es ging ihr dabei um ein Gesamtportrait der Personen, die sie nach prägenden Erfahrungen in ihrem Leben, nach Beruf, Partnerschaft, Sexualität, Aggression, Einstellung zu Religion und Tod und auch zur Freundschaft befragte. Entsprechend kurz fallen die Passagen zu den einzelnen Themen aus. Dennoch entstand aus der Summe der Antworten ein recht plastisches Bild der Freundschaftsvorstellungen. Die Mehrzahl auch dieser Männer vertritt ein hohes Freundschaftsideal und hält Männerfreundschaft für elementar wichtig im Leben eines Mannes. Vertrauen und gegenseitige Hilfe werden als häufigste Kriterien genannt. Viele hatten nie mehrere Freunde, aber alle mindestens einen sehr guten. Auffallend ist, wie häufig Freundschaften in der Jugend, Ausbildungs- oder Studienzeit beschworen werden, während für den jetzigen

Mangel die Einbindung in die Familie und berufliche Aus- und Überlastungen verantwortlich seien. Einige bedauern, dass es echte Freundschaften nur selten gebe, und lassen die Sehnsucht anklingen, ihr Leben stärker durch Freundschaften gestalten zu wollen.

Wie bei den anderen zitierten Interviews ist das Freundschaftsprofil der von Seggelke porträtierten Männer nicht repräsentativ für die Gesamtheit männlicher Erwachsener, da alle schon älter sind. Der Nachteil wird durch den wesentlichen Vorteil ausgeglichen, dass sich in ihren Urteilen jahrzehntelange Erfahrungen mit Freundschaften niederschlagen, und alle auf Höhepunkte und Enttäuschungen zurückblicken, durch die sich die wahren Qualitäten von Freundschaften und das, was von ihnen Bestand hat, schärfer herauskristallisieren lässt. Erst durch die Trennung der Spreu vom Hafer wird der Kern deutlicher erkennbar, der Männerfreundschaften von anderen Männerbeziehungen unterscheidet.

In der bisherigen Beschreibung fällt die Diskrepanz auf, Freundschaften einerseits stark zu idealisieren und andererseits ihren Mangel zu beklagen. Die Diskrepanz folgt dem Grundsatz: Je höher der Anspruch, desto seltener wird er sich erfüllen. Dieser Befund ist so ausgeprägt und charakteristisch für Männerfreundschaften und lässt sich in allen Freundschaftskulturen bis zur Antike zurückverfolgen, dass es mir angezeigt scheint, ihm hier etwas ausführlicher nachzugehen. Bereits die häufig zitierte Klage des Sokrates »Oh Freunde, es gibt keine Freunde!« weist in ihrem Widerspruch auf das Scheitern des Ideals an der Realität hin. Aber wie kommt es zu diesem Widerspruch? Zur Erklärung bieten sich zwei Vermutungen an.

Die erste zielt auf den höheren Grad oder zumindest auf das ausgeprägtere Bedürfnis und Bemühen von Männern um Autarkie und Freiheit. »Selbst ist der Mann« lautet die Maxime, die schon dem Jungen mit in die Wiege gelegt wird. Ganz anders als das Mädchen, das die Mutter als gleichgeschlechtliche Bindungsperson für immer in sich trägt und sie weniger verlassen muss, um zu einer eigenen weiblichen Identität zu gelangen, ist der Junge viel stärker zur Abgrenzung gezwungen und erreicht seine Autonomie und männliche Identität nur, wenn er seine enge Bindung an die Mutter aufgeben konnte.

Die Helden auf der Filmleinwand oder in den Sportstadien, die Abenteurer, Einzelkämpfer und Individualisten werden in ihrer Männlichkeit, Härte und Unnahbarkeit ebenso bewundert, wie sie als einsame Wölfe verschrien sind. Diese Ambivalenz lässt erkennen, wie tief einerseits das Bild des »allein auf sich gestellt seins«, das »allein gegen den Rest der Welt« speziell in Männerseelen verankert, und wie unzeitgemäß es andererseits im Zeitalter des Kommunikationszwangs geworden ist.

Neben der Ablösung von der Mutter waren es historische Bedingungen und soziale Rollenzuschreibungen, die beim Mann ein frühes Erbe zur Autarkie eingeschrieben haben. Solange keine Freunde da waren, musste er sich allein in der Wildnis der Prärie oder, auf die Gegenwart übertragen, in der Wildnis der Großstädte mit ihrem kapitalistischen Raubtierverhalten durchschlagen. Erst wenn er einen Mann traf, bei dem er das Gefühl des »unbedingten-sich-aufeinander-verlassen-könnens« hatte, konnte er Vertrauen entwickeln, seine Autarkie aufgeben und sich ihm in Freundschaft hingeben.

Hier wäre der Befund der Freundschaftsforschung einzuordnen, wonach viele Männer Familienangehörige – die Frau, die Geschwister, die Kinder – als beste Freunde bezeichnen, mit denen sie am offensten über ihre Probleme reden können und sich emotional am ehesten aufgefangen fühlen. Warum muss man ihnen daraus einen Strick drehen, wie es häufig in der Fachliteratur geschieht? Warum sollten diese Männer ihr Gefühlsleben nicht stärker in Familie und Partnerschaft zum Ausdruck bringen als in Freundschaften, wenn sie in ihrer emotionalen Kommunikation und durch ihre Lebensgeschichte zu einem bewussten Autarkiebestreben im außerfamiliären Raum und im täglichen Berufskampf geprägt wurden? Solche Männer haben oft nur einzelne gute Freundschaften oder vermissen es auch nicht, keine zu haben, weil sie sich in ihrer Autonomie »selbst genug sind« und in der Familie genügend Anerkennung finden. Ihr hohes Freundschaftsideal macht enge Bindungen selten. In dieser Selbständigkeit einen Mangel zu entdecken, verstellt den Blick auf die verschiedenen Facetten männlicher Identität.

Die zweite Vermutung, warum Männer in heutiger Zeit durchschnittlich weniger Freunde haben als Frauen, Freundschaften andrerseits stark idealisieren, leitet sich von der ersten ab. Ihr stärkeres Autonomiebedürfnis im Rahmen beruflicher Orientierung lässt darauf schließen, dass sie unter normalen gesellschaftlichen Bedingungen weniger auf Schutz und Sicherheit durch Freunde angewiesen sind als Frauen, für die diese Freundschaftsfunktionen, wie wir gesehen haben, eine wesentliche Bedeutung besitzen. Solange man sich nicht unmittelbar bedroht fühlt, reicht das Vertrauen auf die eigene Stärke aus, bevor man sich von anderen abhängig macht. Diese Haltung kann sich schlagartig ändern, wenn das Leben existentiell gefährdet ist.

Ein bewegendes literarisches Beispiel für eine solche Situation beschreibt Jurek Becker in seinem Roman »Jakob der Lügner«. Im Warschauer Ghetto hat Jakob das Gespräch zweier deutscher SS-Offiziere belauscht, das vom Vormarsch der russischen Armee handelt. Er erzählt einem Freund davon und erfindet ein Radio, aus dem er die Nachricht gehört haben will. Wie ein Lauffeuer spricht sie sich im Ghetto herum. Alle schöpfen Hoffnung und neue Kraft, die Zahl der Selbstmorde nimmt ab. Jeden Tag fragt der Freund Jakob über Neuigkeiten zum Frontverlauf aus. Um auch ihn vor dem Suizid zu schützen, erfindet Jakob immer neue optimistische Geschichten. Bald schöpft der Freund Verdacht, weil noch keiner das angeblich versteckte Radio gesehen hat. Aber er und die Ghettobevölkerung nehmen den Schutz weiter an, sonst würde jegliche Hoffnung vernichtet. Erst durch die Wahrheit, die Jakob eines Tages gestehen muss, bricht die Selbsttäuschung zusammen. Der Freund bringt sich um, und Jakob steht vor der Frage, wie berechtigt seine Lügen waren, um den anderen tröstende Sicherheit zu geben. Der tragische Konflikt ist nicht lösbar. Die lebenserhaltende Funktion des Schutzes steht gegen das Problem ihrer Verlässlichkeit. Vielleicht verlassen sich deswegen viele Männer nur auf sich allein, um nicht falschen Idealisierungen und der trügerischen Sicherheit des freundschaftlichen Schutzes ausgeliefert zu sein.

Eine dritte Vermutung über den Widerspruch zwischen Idealisierung der Männerfreundschaft und ihrem konkreten Mangel, die ich nicht teile, die aber in der Forschung immer wieder geäußert wird, soll hier kurz ergänzt werden. Es geht bei ihr um das Thema der Homosexualität.

Die latente Homosexualität des Mannes, ebenso wie die der Frau, basiert auf der bisexuellen Anlage in jedem Menschen. Die biologischen und psychologischen Wege, auf denen sich die Latenz zur manifesten sexuellen Neigung durchsetzt, sind zu verschlungen, als dass wir heute schon über schlüssige Erklärungen verfügten. Bis zu ihrer Liberalisierung erst in der zweiten Hälfte des vorigen Jahrhunderts galt die Homosexualität unter erwachsenen Männern als Perversion, die von der Öffentlichkeit erbittert bekämpft und strafrechtlich verfolgt wurde. Daher beherrschte die Angst, homosexuell zu werden, ganze Generationen junger Männer. Trotz ihrer Anerkennung und der erkämpften Rechte kann man auch heute leider nicht davon ausgehen, dass in der öffentlichen Meinung das Tabu der Homosexualität für immer beseitigt ist.

Aus ihrer traurigen Geschichte, den noch bestehenden Tabus und der inzwischen bekannten Erkenntnis, dass jede innige Beziehung zwischen Männern ein gewisses Maß unterschwelliger gleichgeschlechtlicher Libido enthält, wird nun in der Männerforschung die Schlussfolgerung gezogen, viele Männer vermieden enge Freundschaften, um ihre homosexuelle Latenz nicht in Gefahr zu bringen. Aus psychologischen Gründen ist diese These zu verwerfen. In der Jugend und Adoleszenz findet wegen der noch bestehenden Unsicherheit über die eigene psychosexuelle Identität die homoerotische Komponente in Freundschaften ihren spielerischen Ausdruck in verschiedenen Formen körperlicher Nähe. Dieses Probierstadium endet in der Regel mit den ersten sexuellen Erfahrungen und dem Erreichen der endgültigen sexuellen Identität. Erwachsene Männer »wissen« im allgemeinen, in welche Richtung ihre Libido festgelegt ist. Als Heterosexuelle genießen sie die erotische Tönung in der Beziehung zu einem Freund, darauf beruht ein Teil ihrer wechselseitigen Sympathie; aber sie müssen den Durchbruch zu einer manifesten Homosexualität nicht mehr fürchten.

Freud hat sich auffallenderweise trotz seiner vielen persönlichen Freundschaften an keiner psychoanalytischen Theorie der Freundschaft versucht. Aber es gibt einige Passagen in seinem Werk, in denen er auf sie Bezug nimmt. Im folgenden Zitat ergänzt er noch einen vierten Aspekt, der die Seltenheit echter Männerfreundschaften beleuchtet – den Narzissmus. In seiner berühmten Schrift »Das Unbehagen in der Kultur« setzt er sich an einer Stelle mit der Unerfüllbarkeit des Gebots »Du sollst den Nächsten lieben wir dich selbst« auseinander und schreibt, der Nächste verdiene die Liebe nur, »wenn er mir in wichtigen Stücken so ähnlich ist, dass ich in ihm mich selbst lieben kann; er verdient es, wenn er so viel vollkommener ist als ich, dass ich mein Ideal von meiner eigenen Person in ihm lieben kann; ich muss ihn lieben, wenn er der Sohn meines Freundes ist, denn der Schmerz des Freundes, wenn ihm ein Leid zustößt, wäre auch mein Schmerz, ich müsste ihn teilen.«[25]

Die Idealisierung der Freundschaft kann ihren Grund auch in einer überhöhten Selbst-Idealisierung haben, in einem Selbst-Ideal, das zu erreichen man selbst kaum jemals fähig ist. Wie sollte es dann der Freund erreichen? Insofern können der eigene Narzissmus und die beschriebenen Autonomiebedürfnisse eine Mischung eingehen, die jede Freundschaft mit grandiosen Ansprüchen belastet und letztlich verhindert.

Der Narzissmus spielt allerdings nicht nur in Männerfreundschaften eine Rolle. Auch Frauen können die Freundin für ihre narzisstischen Bedürfnisse ausnutzen. Dabei wird diese nicht als eigene Person gesehen und anerkannt, sie hat lediglich die Aufgabe, durch ständige Bewunderung und Bestätigung das eigene Größen-Selbst zu spiegeln. Das geringer ausgeprägte Autarkiebestreben der Frau mag der Grund dafür sein, dass solche ungleichen Freundschaften nicht zwangsläufig scheitern müssen. Sie sind besonders dann von oftmals erstaunlicher Dauer, wenn die Freundin aus Selbstzweifeln und Kleinheitsgefühlen zur blinden Idealisierung neigt und in der Anklammerung ihre einzige Sicherheit findet.

Männerfreundschaften. Die beschriebenen psychologischen Ursachen sollten das Phänomen ihres Mangels erhellen und gerechter beurteilen lassen, als es gemeinhin geschieht. Das Gleiche gilt für die Beschreibung der Qualität dieser Beziehung und für ihre innere Fülle.

Anders als bei Frauen sind Freundschaften zwischen Männern, da diese sich am stärksten über ihren Beruf definieren und darüber ihre soziale Identität finden, in der Regel arbeitsbezogen. An anderer Stelle habe ich den hohen Stellenwert der Arbeit für die Selbstidentität des Mannes ausführlich begründet.[26] Die Befriedigung, die er aus ihr zieht, wird durch die Zusammenarbeit mit Freunden um ein Mehrfaches gesteigert. Deswegen stammen sie meistens aus den gleichen oder verwandten Tätigkeitsfeldern. Arbeiter, Handwerker, Angestellte, Lehrer, Anwälte, Ärzte, Politiker, Künstler und andere Berufe sind durch ihre jeweils spezifischen Ausbildungen, Arbeitsfelder und Wertnormen geprägt, durch die sich bestimmte Charaktermerkmale herausbilden. Hier finden sich am ehesten, auch bedingt durch die zeitlich ausgedehnte und enge Zusammenarbeit, Gleichgesinnte, die man zu Freunden erwählen kann.

Dieser Zusammenhang erklärt so den Befund der Forschung, wonach starke Unterschiede in der Gestaltung, in den Riten und Bräuchen von Männerfreundschaften zwischen den sozialen Schichten und beruflichen Gruppen bestehen. Psychologisch schlagen sich darin unterschiedliche Grade der Sublimierung von Triebvorgängen nieder, an deren einem Pol noch die fast sprachlose gemeinsame Körperarbeit, am anderen die Gemeinsamkeit im intellektuellen Diskurs stehen.

Der Befund verdeutlicht noch einmal auf andere Weise, warum das Kriterium, Freundschaft beweise sich am deutlichsten im sprachlichen Austausch über Beziehungen, Gefühle und persönliche Probleme, eine moderne Erfindung der Bildungseliten ist. Die Forderung wurde zuerst von intellektuellen Frauen zur Norm erhoben, an die sich heute auch immer mehr Männer anzupassen versuchen. Wie wir gesehen haben, kann diese Forderung jedoch nur graduell erfüllt werden, da Frauen ontogenetisch über ausgeprägtere Bedürfnisse und Fähigkeiten verfügen, Kommunikation über sprachlich vermittelte Emotion zu pflegen als Männer. Außerdem berücksichtigt die Forderung nicht, dass Spracherwerb, Sprachgebrauch und Sprachübung ebenso wie die differenzierte Wahrnehmung von Innenvorgängen und die Fähigkeit, diese zu verwörtern, zuallererst eine Frage der Bildung ist. Dass dabei die Karten innerhalb der Gesellschaft sehr unterschiedlich verteilt sind, sollte bekannt sein.

Glücklicherweise verfügt der Mensch außer der Sprache und unabhängig von seiner Bildung über zahlreiche andere Ausdrucksformen, über die der Gefühlsreichtum von Zugewandtheit, Herzenswärme, Nähe, Vertrauen, Zärtlichkeit, Interesse, Teilnahme, Mitleid, Zuneigung, Offenheit, Echtheit und Ehrlichkeit ausgetauscht und zu einer freundschaftsstiftenden Verständigung wird. Das breite Spektrum der Mimik bei Gefühlen von Freude, Begeisterung, Angst, Enttäuschung, Trauer, Wut und Schmerz, die tausend Farben des Lächelns, des Lachens und Weinens, die Ausdruckskraft des Blicks, der Gestenreichtum der Motorik, die großen und kleinen Zeichen des Körpers und schließlich die Fülle der Dinge, die man gemeinsam tut, das Essen, das Trinken, das Spiel, die Freizeit, der Beruf, und das, was man für den anderen tut, die wichtigen Hilfen und die scheinbar geringen, aber beglückenden Aufmerksamkeiten – alle diese geteilten Eindrücke und Erlebnisse mit dem Freund sind mehr als die Summe der gemeinsamen Erfahrungen.

Ich glaube, dass erst mit der Ergänzung dieser besonders für Männer wichtigen Zusammenhänge die Qualität und die unterschiedlichen Gestaltungsformen ihrer Freundschaft über alle Schichten der Gesellschaft hinweg verständlich werden. Wenn auch nur eine Minderheit von ihnen über das Privileg verfügt, ihre Freundschaft durch den Austausch persönlicher Fragen sprachlich zu vertiefen, bedeutet es für die Mehrheit nicht, keine Freunde zu haben, die sie ebenso wert schätzt und die für sie ebenso wertvoll sind.

Die idealistische Auffassung Schillers von der Männerfreundschaft, wie er sie in der Ode »An die Freude« formuliert hat: »Wem der große Wurf gelungen, eines Freundes Freund zu sein …« entstammt einer Zeit patriarchalen Elitedenkens, das nur wenige Auserwählte als Freunde zuließ. Der historische Wandel hat jedoch die Freundschaftskultur unter Männern grundlegend verändert und den Blick dafür geöffnet, dass Freundschaft ein köstliches Lebenselixier für alle Menschen ist und schon immer war.

V. »Du bist mein anderer Teil« Freundschaften zwischen Frauen und Männern

Frauen und Männer in Freundschaft vereint? Ist das die Morgenröte einer auf Gleichheit, Gerechtigkeit und Gleichwertigkeit der Geschlechter gerichteten Zukunft? Zwei historische Entwicklungen könnten dieser Utopie Nahrung geben. Zum einen ist unübersehbar, dass seit der zweiten Hälfte des vorigen Jahrhunderts in Europa die Demokratisierung der Gesellschaften entscheidende Fortschritte gemacht hat. Trotz aller Kämpfe und Rückschläge und noch bestehender Interessengegensätze konnte sich durch die anhaltenden Bemühungen ein kollektives Bewusstsein durchsetzen, das, wie in keiner Zeit zuvor, demokratische Grundsätze als allein verpflichtende Normen des Zusammenlebens verinnerlicht hat. Sie gelten, wenn auch noch längst nicht befriedigend erfüllt, speziell für das Geschlechterverhältnis und die Zielvorstellungen von einer »Geschlechterdemokratie«, wie sie erst seit einigen Jahren öffentlich diskutiert und von vielen Kräften in der Gesellschaft vorangetrieben wird. Darauf soll im Schlusskapitel ausführlich eingegangen werden.

Zum anderen haben der Wandel der Familie und die zunehmende Individualisierung biographischer Lebensentwürfe zu neuen Formen sozialer Beziehungen geführt, in denen Freundschaften als Urbilder der Demokratie einen immer höheren Stellenwert erhalten. Das betrifft, wie wir bereits sahen, Freundschaften zwischen Frauen deutlicher als zwischen Männern. Als neues Phänomen dieser Entwicklung kann die wachsende Zahl von Freundschaften zwischen Frauen und Männern gelten. Ihre sichtbare Zunahme verändert frühere

Freundschaftskonzepte und macht eine ausführlichere psychologische Darstellung dieses Freundschaftstyps notwendig.

Für die aktuelle Sicht auf die nach populärer Auffassung »platonische« Freundschaft zwischen den Geschlechtern könnte am ehesten zutreffen, was Freud in seinen wenigen und nicht auf eine bestimmte Freundschaftsform beschränkten Interpretationen von Freundschaft geschrieben hat: »Es ist bekannt, wie leicht sich aus Gefühlsbeziehungen freundschaftlicher Art, auf Anerkennung und Bewunderung gegründet, erotische Wünsche entwickeln.«[27] Viel umstrittener in der Freundschaftsliteratur ist seine, regelhaft verkürzt wiedergegebene, Deutung, nach der alle Freundschaften auf einer ehemals »vollsinnlichen«, durch Sublimierung aber »zielgehemmten Liebe«, also letztlich auf sexuellem Begehren beruhe. Vollständig zitiert, weil im hiesigen Zusammenhang wichtig, lauten jedoch Freuds Überlegungen: »Liebe nennt man die Beziehung zwischen Mann und Weib, die auf Grund ihrer genitalen Bedürfnisse eine Familie gegründet haben, Liebe aber auch die positiven Gefühle zwischen Eltern und Kindern, zwischen den Geschwistern, obwohl wir diese Beziehung als zielgehemmte Liebe, als Zärtlichkeit, beschreiben müssen. Die zielgehemmte Liebe war eben ursprünglich vollsinnliche Liebe und ist es im Unbewussten des Menschen noch immer. Beide, vollsinnliche und zielgehemmte Liebe, greifen über die Familie hinaus und stellen neue Bindungen an bisher Fremde her. Die genitale Liebe führt zu neuen Familienbildungen, die zielgehemmte zu »Freundschaften«, welche kulturell wichtig werden, weil sie manche Beschränkungen der genitalen Liebe, z. B. deren Ausschließlichkeit, entgehen.«[28]

Freud deutet mit diesen Formulierungen das schwierige Verhältnis zwischen sexueller Liebe und einer Freundschaft an, die auf »zielgehemmter«, das heißt desexualisierter Libido beruht, auf einem Eros, der die verdrängten Triebspuren noch verrät, ohne ihnen in der seelischen und geistigen

Annäherung zu verfallen. In diesem Zusammenhang war der Philosoph Ernst Bloch einer der ersten, der die Vermutung äußerte: »Freundschaft ist das wichtigste Stück einer auf Dauer und Gewohnheit angelegten Liebe; so gehen die meisten Ehen nicht aus mangelnder Liebe, sondern aus mangelnder Freundschaft zugrunde.«[29]

In Freunds Kategorien übersetzt, meint die Formulierung von Bloch, Ehen scheitern nicht aus Mangel an sexueller, sondern aus entsexualisierter Liebe. Mir scheint, dass sowohl Freud als auch Bloch hier von einem undialektischen Verständnis von Paarbeziehungen ausgehen. Eine gelungene Partnerschaft besteht aus dem engen Wechselspiel von Sexualität und Freundschaft. Sie bilden in ihr eine untrennbare Einheit. Eine unbefriedigende Sexualität trübt die Freundschaftsgefühle, wie umgekehrt deren Mangel die sexuellen Bedürfnisse erkalten lässt. In der Praxis drohen oft tragische Zirkel und Streitigkeiten bis zum Zerbrechen der Partnerschaft, wenn die ausgeglichene Balance zwischen sexueller Anziehung und freundschaftlicher Nähe aus dem Gleichgewicht geraten ist, und das Paar die Ursachen gegensätzlich bewertet. Bei der Spaltung zwischen Sexualität und Freundschaft dürfte für Frauen die Position typisch sein: »Warum sollte ich dir sexuell entgegenkommen, wenn du dich so wenig um mich kümmerst und ich dir nicht mehr vertrauen kann«; die Replik des Mannes lautet meist: »Warum sollte ich mich öfter um dich kümmern und dir mehr Vertrauensbeweise liefern, wenn ich dir im Bett so gleichgültig bin.« Solche Banalisierungen verdeutlichen, dass sie nicht mehr an seine Freundschaft glaubt und er nicht mehr an ihre Liebe. In der Entzweiung des Paares fällt die Einheit von Sexualität und Freundschaft auseinander.

Zum psychologischen Verständnis von reinen Freundschaften zwischen Frauen und Männern muss man diese häufigen Verknotungen zwischen sexueller Liebe und Freundschaft, die in der Paartherapie oft nur sehr schwer zu lösen sind, im Blick behalten, weil in jeder noch so platonischen Freundschaft beide Anteile ihre dynamische Kraft entfalten. Dies wird in den verschiedenen Konstellationen am deutlichsten, in denen die Freundschaft die sexuelle Liebe vorbereitet, oder in denen Frauen und Männer nach einer sexuellen Beziehung zu guten Freunden werden.

Ersteres ist am häufigsten in der Adoleszenz der Fall, in der ein heranwachsendes Mädchen und ein heranwachsender Junge seit der Schulzeit durch eine beständige Freundschaft verbunden sind, beide sich in ihr geborgen und aufgehoben fühlen, beide »nichts Böses ahnen«, bis eines Tages der Funke überspringt, die Macht des Sexus von beiden Besitz ergreift und die Freundschaft in die Liebe einmündet.

Gegenläufig trennen sich viele verheiratete und ledige Paare nach langen Jahren intimer Zweisamkeit, weil die Sexualität im Laufe der Beziehung für einen oder beide Partner aus unterschiedlichen Gründen zu einem unüberwindbaren Problem geworden ist. Aber ihre Freundschaft bleibt erhalten und erreicht oft erst nach der Trennung durch ihre Freiwilligkeit und die gewonnene Selbständigkeit eine geistig-seelische Nähe und ein Vertrauen, nach denen sich beide immer gesehnt haben.

Ingmar Bergmann hat in seinem Film »Szenen einer Ehe« eine solche Entwicklung psychologisch überzeugend nachgezeichnet. Marianne und Johann können sich nach der Überwindung aller Ehestreitigkeiten und schmerzlichen Trennungsfolgen als Freunde wieder begegnen. In ihren Gesprächen sind sie erst jetzt fähig, sich mit all ihren Schwierigkeiten und Lebenskrisen dem anderen in einer Weise zu öffnen und für dessen Konflikte und geheimsten Gedanken und Wünsche offen zu sein, wie es ihnen früher nie möglich war. Bei ihren Treffen überlegen sie mehr spielerisch, ob sie miteinander schlafen wollen, nicht aus sexueller Lust, sondern in zärtlicher Vertrautheit, wie sie nur eine Freundschaft zulässt. Kein Zwang verpflichtet sie dazu.

Besonders glücklich sind die Ehen zu schätzen, in denen die Scheidung vermieden werden kann, weil die Partner in einer gereiften Freundschaft eine höchst erfüllte Beziehung bis ins hohe Alter leben können, nachdem die Stürme sinnlicher Leidenschaft aus Gewohnheit oder Ermüdung abgeklungen sind.

In einer weiteren Variante können sich Freundschaften zwischen Frauen und Männern auch aus kurz- oder längerfristigen Affären entwickeln, wenn die Attraktivität der Sexualität nachlässt oder bereits vorhandene oder hinzukommende Dritte ihren Verzicht nahe legen. Oft treten erst nach der Befreiung aus den Fängen der Sexualität die charakterlichen Stärken und liebenswerten Eigenschaften des anderen deutlicher hervor, aus denen sich dann die freundschaftlichen Bande knüpfen lassen.

Nicht zuletzt spielt die Verbindung von Sexualität und Freundschaft in vielen Begegnungen eine oft schmerzliche Rolle, in denen einer der Beteiligten in den anderen verliebt ist, dieser aber bei aller freundschaftlichen Sympathie die sexuellen Gefühle nicht erwidern kann. Der Begehrende, meist aber auch beide, fragen sich, warum es bei ihnen zur Liebe nicht reicht. Das Mysterium lässt sich für sie nicht lösen, und wenn sie vom Glück gesegnet sind, überwinden sie die bestehende Polarität durch eine dauerhafte Freundschaft, die sie für den Verzicht auf die erotische Liebe entschädigt.

Alle skizzierten Varianten bilden den Hintergrund, der bei Freundschaftsbeziehungen von Frauen und Männern mitgedacht werden muss. Ihr psychologischer Kern beruht auf der Verbindung von Sexualität und Freundschaft. In der so genannten platonischen Freundschaft wird die Sexualität nicht gelöscht, sondern durch unbewusste Verdrängung, gewollten Verzicht oder Sublimierung außer Kraft gesetzt. Ob diese Abwehrformen halten oder die sinnliche Erotik irgendwann ihren Anspruch wieder behauptet und dann die

Freundschaft in Gefahr bringt, entzieht sich jeder Vorhersage.

Das Bedürfnis nach solchen entsexualisierten Freundschaften und deren Verbreitung finden sich heute besonders in der jüngeren Erwachsenengeneration. Es sind die Frauen und Männer, die nach der sexuellen Revolution der letzten Jahrzehnte und der Auflösung verbindlicher Familienbezüge und Partnerschaften in wechselnden Liebesbeziehungen und Liebesabenteuern ein Ausmaß selbst- und fremdverschuldeter sexueller Frustrationen erlebt haben, das die Sehnsucht nach einer von Sexualität entbundenen Freundschaft auf den Plan ruft. In dieser Alternative finden sie die Erfüllung ihrer Wünsche nach Geborgenheit, Verständnis, Ruhe, Vertrauen und lustvollem Zusammensein, die wesentlich konfliktärmer ist und einen höheren Grad an seelischer Stabilität ausmacht.

Ein solches Freundespaar bilden Judith und Franz in dem schon genannten Roman von Jenni Zylka. Franz durchzieht das Buch wie ein verlässliches Gestirn in den undurchdringlichen Wirbeln des Firmaments. Er steht Judith jederzeit hilfsbereit zur Seite, tröstet und bekocht sie, wenn mal wieder eine ihrer Bettgeschichten tränenreich zu Ende geht, als Realist bringt er sie immer wieder auf den Teppich zurück, wenn ihre beruflichen Träumereien sich in luftigen Höhen auflösen, er philosophiert und politisiert mit ihr, und beide vertreiben sich viel Zeit mit dem Herumalbern, Leute ärgern und anderen harmlosen Abenteuern. Eine herzerwärmende Freundschaft. Funktioniert sie nur so gut, weil Franz schwul ist? Zylka bedient mit dieser Zuschreibung leider ein Klischee, das die bekannte Tatsache belegen soll, dass viele Frauen ihre männlichen Freunde häufig unter Homosexuellen finden.

Die psychologischen Gründe für diese Anziehung können von solchen Frauen meist sehr zutreffend benannt werden. Viele homosexuelle Männer zeichnen sich in der Beziehung zu ihren Freundinnen durch ein hohes Maß an Sensibilität, Einfühlung und Fürsorge aus. Ein berühmtes Beispiel ist der Sohn von Thomas Mann, von dem Unda Hörner schreibt: »Sexuelle Begegnungen waren Klaus Mann ausschließlich mit dem gleichen Geschlecht möglich, während er menschliche Beziehungen am besten zu Frauen aufbauen konnte«.[30] Als wohltuend erleben Frauen bei solchen Männern außerdem die fehlende oder meist harmlose Aggression ihnen gegenüber; im Gegenteil fühlen sie sich von ihnen besonders geschätzt, verehrt und in ihrer Persönlichkeit erkannt. Diese emotionale Sicherheit ergänzt in idealer Weise die Gewissheit, in solchen Verbindungen keinerlei sexuelle Ansprüche erfüllen zu müssen.

Erfahrungsgemäß sind viele homosexuelle Männer sehr eng an ihre Mütter gebunden, halten sie für rein, unberührbar und heilig, während die notwendige ödipale Auseinandersetzung mit einem starken Vater entfiel. Statt einer heterosexuellen Identität weisen sie charakterlich viele feminine Merkmale auf, die in der Freundschaft zu Frauen mütterliche Züge annehmen. Vielleicht macht das ihre eigentliche Anziehung aus. Offenbar suchen Frauen, die der Sexualität bewusst oder unbewusst ausweichen wollen, in ihnen nicht den männlichen Freund, sondern die Mutter in ihm, die noch immer in all ihren zärtlichen und fürsorglichen Eigenschaften ersehnt wird. In dem Roman von Zylka stellt Franz eine solche gute Mutter-Imago dar. Damit verschenkt die Autorin die Chance, ein sich in unserer Moderne neu abzeichnendes Freundschaftskonzept zwischen heterosexuellen Frauen und Männern literarisch zu gestalten.

In der therapeutischen Praxis werden solche Freundschaften selten thematisiert, weil die Patienten von ihren konfliktreichen Beziehungen derart in Beschlag genommen sind, dass die erfüllten Seiten in ihrem Leben und die befriedigenden Kontakte kaum Raum finden. Häufig tragen die Therapeuten zu der einseitigen Fokussierung bei, weil sie professionell auf das Krankhafte fixiert sind und die gesunden Ressourcen zu wenig beachten. Dabei besteht die Gefahr, den Patienten für kränker zu halten, als er ist, statt seine positiven Kräfte zu stärken.

Ein anschauliches Beispiel ist Frau D. Die achtunddreißigjährige, allein lebende und kinderlose Buchhändlerin verbrachte lange Zeit der Analyse damit, ihre Enttäuschungen und Erniedrigungen durch Männer seit ihrer Kindheit in manchmal tränenreichen, manchmal hasserfüllten Klagen und Anklagen und mit einer tiefen Verachtung zu erinnern und in rachelüsternen Träumen und Phantasien zu vergelten. Ihr meist abwesender, liebloser Vater, ihr Onkel, der sie in der Pubertät des öfteren sexuell belästigt hatte, ihr Ehemann, der sie eines Tages verließ, und spätere Liebhaber bildeten die sich wiederholenden Bilder von Männern, die sie für ihre seelischen Probleme verantwortlich machte, und in deren gnadenlose Verfolgung sie sich regelrecht verbissen hatte. Sicher trugen die Männererfahrungen erheblich zu ihrem Leiden bei. Aber ich bekam immer öfter den Verdacht, dass die Dramatisierungen ein noch trostloseres Mutterschicksal verbergen sollten, dessen Abgründe Frau D. noch nicht aufzudecken wagte. Ich hatte sie deswegen bisher noch nicht stärker zu dem Thema gedrängt.

Eine überraschende Wende nahm die Behandlung, als ich nach einem ihrer wütenden Rundumschläge auf die Männerwelt zu ihr sagte:

»Es muss schrecklich sein, keinen Mann auf unserer weiten Erde zu kennen, dem man vertrauen kann.«

»Wieso? Ich habe doch Andreas«, antwortete sie erstaunt.

»Wer ist Andreas?«

»Habe ich Ihnen noch nie vom ihm erzählt? Andreas ist seit mindestens fünf Jahren mein bester Freund.«

»Den haben Sie mir bisher verschwiegen. Jetzt bin ich ganz neugierig.«

Die Wut von Frau D. war wie verflogen. Heiter und temperamentvoll erzählte sie die Geschichte dieser Freundschaft, die ich hier gekürzt und sinngemäß wiedergebe.

»Ich lernte ihn in Sardinien kennen. Ich verbrachte dort die Ferien mit einer Clique in einer abgelegenen Bucht, in der nur ein einziges halbverfallenes Steinhaus stand, in dem wir nachts kampierten. Eines Tages kam er mit ein paar Leuten die Berge hinunter an den Strand. Einige kannten sich. Großes Gejohle. Andreas fiel mir sofort durch seine überdimensionale Fotoausrüstung auf. »Unser Fotograf kommt!« riefen seine Freunde und setzten sich mit ihren gebräunten Körpern in Positur. Er musste alle fotografieren, bevor er verschwand, um Landschaftsaufnahmen zu machen. Erst als es dunkel war, wir alle um das große Feuer saßen und die Rotweinflaschen kreisen ließen, tauchte er wieder auf und setzte sich neben mich. Er war mir sofort sympathisch. Die Art, wie er über seine Leidenschaft sprach, über das Farbenspiel der Felsen im wechselnden Licht vom Nachmittag zum Abend, wie er die Bewegungen, das Flimmern des weiten Silbertellers des Meeres aus den Augen eines Fotografen beschrieb – ich war fasziniert. Ich verstand damals nichts von Fotografie.

In dieser Nacht redeten und redeten wir miteinander, sprachen auch über ganz Persönliches, ließen uns, trunken vom Wein und dem sternklaren Himmel immer tiefer ins Gespräch fallen. Die anderen waren längst schlafen gegangen. In der Dunkelheit machte er noch einige Aufnahmen von mir vor dem Feuer, rollte sich in seinen Schlafsack und sagte »Gute Nacht!« In diesem Moment war mir klar, in den Mann darf ich mich nicht verlieben, sonst geht er mir als Freund verloren. Ich wusste ja inzwischen, dass er auch in Berlin lebt.«

»Und er?«, unterbrach ich sie.

»Was meinen Sie?«

»Hat er sich nicht in Sie verliebt?«

»Doch, am Anfang. Er hatte damals eine lange und traurige Liebesgeschichte hinter sich und wollte sie wohl mit mir fortsetzen. Die Vorsicht hat mir geholfen, meine eigene Verliebtheit erst gar nicht aufblühen zu lassen, auch wenn ich ihn als Mann weiter attraktiv finde. Wir sitzen oft bis tief in die Nacht zusammen in seiner oder meiner Wohnung und können noch immer so lange und offen über alles reden wie in jener ersten Nacht. Wir vertrauen uns vieles an und teilen die meisten unserer heimlichen Gedanken. Aber geschlafen haben wir in den fünf Jahren bisher nur einmal zusammen, in einer Nacht, in der wir beide ziemlich sentimental und unglücklich waren, es ging nicht um Leidenschaft, sondern um das Bedürfnis nach körperlicher Wärme. Andreas hat seine anfängliche Verliebtheit überwunden, unsere Freundschaft ist ihm wichtiger. »Du bist mein anderer Teil«, sagt er immer, »und ich will ihn nicht zerstören, indem ich ihn körperlich in Besitz nehme.« Wenn es nachts mal zu spät geworden ist, um noch nach Hause zu fahren, können wir in meinem oder seinem Bett nebeneinander liegen, ohne nervös zu werden, fast wie Bruder und Schwester.«

Im Laufe der Analyse wurde Andreas für Frau D. besonders in den Zeiten unentbehrlich, in denen sie sich mit ihrem Mutterschicksal auseinanderzusetzen begann und dabei in schlimme Krisen geriet. In dieser Situation konnte sie auf ihn zählen, in seinen Armen fand sie Halt, und sein Humor ließ sie dennoch lachen. Nach dieser Phase wurde Andreas auch zu dem wichtigsten Fixstern, an dem Frau D. ihr verzerrtes Männerbild langsam korrigierte.

Ich habe mich im Laufe der Behandlung oft gefragt, warum beide nicht doch eines Tages in Liebe zueinander entbrannten, zumal ihre spontane Vertrautheit zu Beginn der Begegnung – bei Andreas deutlich, bei Frau D. in abgewehrter Form – mit sinnlichen Phantasien verknüpft war. Irrte Freud mit der Meinung, dass sich aus freundschaftlichen Gefühlsbeziehungen leicht »erotische Wünsche entwickeln«? Nein, Freud war hier wieder sehr genau, er spricht von »Wünschen«, nicht von deren Erfüllung. In dieser Unterscheidung dürfte ein wesentliches Merkmal der Freundschaft zwischen Frauen und Männern bestehen und ihr besonderes Geheimnis ausmachen. Die entsexualisierte Freundschaft bedeutet nicht das Fehlen einer heterosexuell getönten erotischen Anziehung. Aus ihr ziehen diese Freundschaften in der Regel ihre besondere Spannung, in ihr liegt das große Geschenk. Der Verzicht auf die körperliche Liebe und die Sublimierung der puren Lust zu einer verfeinerten Form erotischer Nähe werden durch einen Reichtum an gegengeschlechtlichen Erfahrungen belohnt, die dem Wert von reinen Frauen- oder Männerfreundschaften gleichkommen. Offenbar besaßen Frau D. und Andreas ein tieferes Verständnis dieser Zusammenhänge und verteidigten ihren gemeinsamen Schatz standhaft gegen den machtvollen Anspruch des Sexus.

Ein zweites Merkmal, das von Andreas benannt wurde, dürfte für Freundschaften zwischen Frauen und Männern noch entscheidender sein. »Du bist mein anderer Teil«, sagt er. Diesen anderen Teil von sich in der Freundin oder im Freund gespiegelt zu sehen, den weiblichen oder den männlichen, den wir meist in uns abspalten und aus unserem Erleben und Verhalten heraushalten, bedeutet einen reichen Zuwachs an ganzheitlicher Identität. Erst durch die Identifikation mit dem »Fremden« kommt dieser verdrängte Anteil wieder an die Oberfläche und kann als »Eigenes« gelebt werden.

Frau D. lernte von Andreas sehr kunstvoll zu fotografieren, wie sie mir später an einigen Fotoserien zeigte. Andreas, literarisch vorher völlig unbeleckt, las moderne Schriftsteller, deren Bücher die Buchhändlerin ihm anschleppte – Urs Widmer, Assia Djebar, Bodo Kirchhoff, Uwe Timm, Christoph Ransmayr, Michael Ondaatje, Hanna Krall, Javier Marias, Christa Wolf, Virginia Woolf und unzählige andere. Es waren symbolische Teilstücke einer Welt, die sie sich gegenseitig zeigen und zu etwas Eigenem anverwandeln konnten.

Der in ihnen fremdgewordene gegengeschlechtliche Anteil wird zu etwas Vertrautem. Damit gewinnen beide mehr Sicherheit über sich selbst, die das Vertrauen in den anderen voraussetzt und gleichzeitig vertieft.

Dieser Sachverhalt ist gemeint, wenn in der Fachliteratur häufig davon berichtet wird, dass Frauen und Männer die Freundschaft mit dem anderen Geschlecht besonders schätzen, weil sie in anderer Weise miteinander reden können als mit der Freundin oder dem Freund. Es ist das Fremde, das uns anzieht, das komplementäre Element des Männlichen oder Weiblichen, das ein Gefühl der Harmonie erzeugt, weil die andere Seite in uns zum Klingen kommt.

Erst diese psychologische Dimension lässt den Facettenreichtum der Freundschaft zwischen Frauen und Männern in seiner ganzen Breite erkennen. Den neuen Freundschaftstyp als sich im Alltag ausbreitendes Phänomen zu begreifen, stellt nicht nur einen wichtigen Baustein für die anstehende Versöhnung in den Geschlechterbeziehungen dar. Er schafft vor allem etwas, was die Versöhnung erst möglich macht – die Aneignung des abgespaltenen und fremdgewordenen gegengeschlechtlichen Selbstanteils in uns. Auf der Basis dieser Selbstaneignung und Selbsterweiterung kann das Verständnis und die Anerkennung des anderen Pols der Geschlechtergemeinschaft fruchtbar werden. Freundschaft zwischen Frauen und Männern als Bedeutungsträger einer kollektiven Vision.

VI. Zwei Frauen – ein Mann oder umgekehrt

Freundschaften im Dreieck

Die Verbindung von Sexualität und Freundschaft wird wohl in keinem Freundschaftsmodell so inspirierend, grenzüberschreitend und von magischer Anziehung erlebt wie in gegengeschlechtlichen Dreiecksbeziehungen, in denen sich alle Beteiligten als Freunde begreifen. Dieses Kriterium unterscheidet sie grundsätzlich von den im Alltag verbreiteten Dreiecksgeschichten, für die Untreue, Fremdgehen, Betrug, Täuschung und Verrat bezeichnend sind, die später ausführlicher diskutiert werden sollen.

Im Zuge der Aufklärung führte Goethe bereits 1809 in dem Roman »Die Wahlverwandtschaften« das Motiv in die Literatur ein, ließ allerdings seine Protagonisten auf tragische Weise scheitern. Idealismus und bürgerliche Moralvorstellungen gerieten erst in der zweiten Hälfte des 19. Jahrhunderts unter dem Einfluss starker gesellschaftlicher Umbrüche ins Wanken, und die Institution der Ehe bekam ihre ersten tiefen Risse. Die Werke von Gustave Flaubert (»Madame Bovary«, 1857), Henrik Ibsen (»Nora oder ein Puppenheim«, 1879) und Theodor Fontane (»Effi Briest«, 1895) stehen als Beispiele für die wachsende Kritik an den traditionellen Eheformen, wobei die Frauen den Traditionsbruch durch die Aufkündigung ihrer abhängigen Rollen einleiteten.

Aber noch fehlten konstruktive Gegenentwürfe zu der radikalen Befreiung. Sie wurden erst von der intellektuellen und künstlerischen Avantgarde und von Vertreterinnen der aufkommenden Frauenbewegung um die Jahrhundertwende theoretisch entworfen und vor allem nach den Erschütterungen des Ersten Weltkrieges ab den zwanziger Jahren des vorigen Jahrhunderts in Europa, Amerika und im nachrevolutionären Russland in vielen Experimenten praktiziert. Eins davon war die Propagierung und Gestaltung des Dreiecks als alternative Liebes- und Freundschaftsgemeinschaft der beiden Geschlechter oder auch einer homosexuellen Triade.

Die Autorin Unda Hörner hat in ihrem lesenswerten Sammelband »Im Dreieck« Aufsätze verschiedener Autoren herausgegeben, in denen das Freundschaftsdreieck einiger Frauen und Männer von 1850 bis 1950 in ihren glücklichen und tragischen Aspekten ausgeleuchtet wird. Friedrich Hebbel, Franziska Gräfin von Reventlow, Wladimir Majakowskij, Klaus und Erika Mann, Arthur Honneger, Friedrich Nietzsche, Lou-Andreas Salome und Marguerite Duras sind nur einige der bekannten Namen. Leider entgeht keiner der Autoren dem Missverständnis, das sich allgemein breit macht, wenn von Dreiecksbeziehungen die Rede ist – der Zentrierung auf die Sexualität. Bereits der Untertitel weist in diese Richtung: »Liebesbeziehungen von Nietzsche bis Duras«. Korrekt hätte er heißen müssen: »Liebes- und Freundschaftsbeziehungen …«. Denn genau darum geht es in diesem neu erdachten und gelebten Dreiecksmodell.

Sein revolutionärer Impuls lag nicht allein in der Befreiung von Zwang, Unmündigkeit und Besitzansprüchen in der konventionellen Ehe und im Gedanken einer freien Liebe; untrennbar damit verbunden war ein Freundschaftsideal, das den gleichberechtigten Austausch geistiger, künstlerischer und politischer Ideen zwischen Frauen und Männern zum Ziel hatte, das ein gemeinsames Engagement und gegenseitige Ermutigung in diesen Bereichen vorsah und das damit in dem Emanzipationsgedanken der Frauenrechtlerinnen voll aufging. Denn schließlich war es mit der Anerkennung dieses Freundschaftsideals auch zum ersten mal gelungen, das seit der Antike tradierte Freundschaftsmonopol der Männer zu brechen.

Eine, die das neue Ideal deswegen am konsequentesten verfocht und dafür – so wenigstens die biographische Wahrscheinlichkeit – auf die Sexualität in dem Dreieck ganz verzichtete, war die Philosophiestudentin und spätere Psychoanalytikerin Lou-Andreas Salomé. In ihrer Freundschaft mit den befreundeten Philosophen Nietzsche und Paul Rée widerstand sie hartnäckig und eigenwillig der werbenden Verliebtheit und den Heiratsanträgen von beiden. Nur so konnte sie in deren Beziehung neue Ideen und Kraft einbringen und ihnen eine gleichwertige, geistig anregende Freundin werden.

Es ist bemerkenswert, wie Dirk Schäfer in dem Buch von Hörner seinen ansonsten kenntnisreichen Essay über diese drei »Gedankengänger« mit Verdächtigungen und Andeutungen zu ihrem Liebesleben nach dem Strickmuster spickt: »Was geschah auf jenem nächtlichen Spaziergang, haben sie sich geküsst, oder war es sogar mehr? Und die beiden Männer, hatten sie nicht doch was miteinander?« Das voyeuristische Interesse, das Schäfer mit anderen Biographen teilt, und das der öffentlichen Sensationslust an prickelnden Affären und Skandalen entspricht, reduziert nicht nur die herausragende Persönlichkeit Lous auf das Niveau einer Femme Fatale und banalisiert Nietzsche und Rée bis zur Peinlichkeit; das sexistische Interesse geht auch völlig an der emanzipatorischen Auseinandersetzung vorbei, die alle drei theoretisch über das Verhältnis von Liebe und Freundschaft geführt und im praktischen Leben erprobt haben, auch wenn sie bald wussten, dass in ihrer persönlichen Konstellation die Dreiecksfreundschaft auf Dauer nur ein Ideal bleiben würde.

Aber nicht nur bei ihnen. Auch die anderen Beiträge in Hörners Buch zeigen das Scheitern des Freundschaftsideals zu Dritt besonders dann, wenn die Sexualität nicht zur geistigen Zusammenarbeit sublimiert werden soll, sondern bewusst in die Beziehungen integriert wird. Der Sexus, zunächst von allen dreien als beglückende und befreiende Kraft gefeiert, entfesselt untergründig seine dämonische Macht der Unbedingkeit, Maßlosigkeit und Unbeständigkeit, die die niederen Instinkte von Neid, Eifersucht, Hass und Gewalt wachrufen. Aber welche Differenzierungen hier angezeigt sind, soll an den bekannten Romanen von Henri-Pierre Roché »Jules und Jim« und von Harry Mulisch »Die Entdeckung des Himmels« erörtert werden.

Rochés 1953 erschienener Roman wurde erst 1962 durch die kongeniale Verfilmung von Francois Truffaut unter dem gleichen Titel weltberühmt. Jules, ein deutscher Schriftsteller, und Jim, ein französischer Reporter, beide noch jung und in einer herzlichen, intellektuell befruchtenden Freundschaft verbunden, teilen auch ihre Lebenslust und ihren Erfahrungshunger, der sich besonders auf einen recht libertinären, von alten Moralvorstellungen befreiten Umgang mit der Sexualität erstreckt. Ihre wechselnden Frauen, auch sie keine Kinder von Traurigkeit, finden Gefallen an der Freundschaft der beiden Männer und an dem Altruismus, mit dem sie sich ihre jeweiligen Freundinnen abtreten.

Doch eines Tages tritt Kathe auf, eine Deutsche, in die sich Jules unsterblich verliebt. Er bittet Jim, den besseren Liebhaber, sich in diese Beziehung nicht einzumischen. Die drei führen für längere Zeit ein unbeschwerte und fröhliche Freundschaft, in der sich Jim streng an die Abmachung hält. Das Dreieck besteht auch weiter, als Jules und Kathe heiraten und zwei Kinder bekommen. Aber bald führt die Ehe zur Entfremdung und Kathe, eine schöne und leidenschaftliche Kämpferin für Freiheit und Unabhängigkeit, verliebt sich mit Wissen und der Einwilligung ihres Mannes in Jim. Damit nimmt das Drama der drei seinen Lauf. Es beginnt eine verwirrende Verstrickung aus einer amour fou zwischen Kathe und Jim, einer trotz Scheidung nicht gelösten Bindung von Kathe an Jules, einer zeitweiligen sexuellen menage à trois, Heiratsplänen zwischen Kathe und Jim und einer Wiederverheiratung mit Jules. Aber Kathe kommt nicht zur Ruhe. Von Launen und Eifersüchten zerrissen, begeht sie Treuebrüche mit dritten Männern und steuert schließlich in auswegloser Verzweiflung und in stillem Triumph bei einer gemeinsamen Autofahrt mit Jim den Wagen über ein Brückengeländer in die Seine.

Mit dem erweiterten Suizid tötet sie nicht nur sich und ihren Geliebten, sondern auch die Freundschaft zwischen Jules und Jim, die über zwanzig Jahre gedauert und unbeirrt allen Stürmen des Dreiecks getrotzt hatte. Die friedvolle Verbindung musste für Kathe letztlich unverständlich bleiben. Es erging ihr wie anderen Frauen, die sich zwischen zwei Männer drängen, oder wie Männern, die eine Frauenfreundschaft auseinander bringen: unbewusst möchten sie diese Freundschaften zerstören, weil sie für sie unzugänglich sind und fremd bleiben. Auch Kathes Neid musste so abgründig sein, dass sie die ihr mythisch erscheinende Bindung ihrer beiden Männer nur gewaltsam sprengen konnte.

Roché glaubt mit diesem Ausgang der Tragödie nicht an die Liebesfreundschaft zu Dritt und bestätigt damit die Erfahrungen, die die Avantgarde am Beginn des letzten Jahrhunderts machen musste. Auch bei ihm wird die Einheit von Sexualität und Freundschaft in einem Dreieck durch die Herrschaft des Sexus zerstört. Aber anders als die meisten Experimente in Freundschaftsdreiecken, die in ihre Einzelteile zerfallen, sobald die der Sexualität entstammenden Keime von bösen Ahnungen, Misstrauen, Eifersucht und Zerwürfnis gesät sind und auch das Vertrauen in die Freundschaft überwuchern, bleibt Roché dem Ideal der Freundschaft treu. Jules und Jim können freizügig und ohne Groll Kathe dem überlassen, den sie gerade bevorzugt, auch wenn sie sie noch in gleicher Weise lieben und begehren. Wenn Kathe Jim nicht mit in den Tod gerissen hätte, lebten die Freunde noch heute.

Ist dieses Treuebündnis nur eine literarische Illusion? Ich

glaube nicht. Liebes- und Freundschaftsdreiecke können entstehen, für kurze Zeit ihr Feuerwerk und ihren Zauber entfalten, um dann wieder zu verlöschen. Dem geometrischen Dreieck als Symbol von Einheit und Harmonie ist in der Realität menschlicher Beziehungen keine Dauer vergönnt. Es zerfällt in einzelne Linien, deren Pole ein Paar bilden können – Liebespaare, Freundschaftspaare, je nachdem. Wenn der störende Dritte die Harmonie auflöst, kann sich eine neue Konstellation ergeben, die alte Bindungen aus dem Dreieck erhält oder erneuert.

Harry Mulischs Roman von 1992 »Die Entdeckung des Himmels«, ein philosophischer, gesellschaftskritischer und psychologischer Parforceritt durch die von rasanten Umbrüche gekennzeichneten Jahrzehnte zwischen 1960 und 1980, variiert die Dreiecksfreundschaft auf ungewöhnlich, gewöhnliche Weise. Ungewöhnlich, weil er einen vierten Akteur in das Geschehen einführt – ein Kind. Im Unterschied zu anderen literarischen oder biographisch rekonstruierten Dreiecksbeziehungen, in denen Kinder, wenn vorhanden, keine Rolle zu spielen scheinen, bestimmt bei Mulisch der Sohn Quinten die dynamische Gestaltung des Dreiecks entscheidend mit. Gewöhnlich ist die Variation, weil nach der sexuellen Befreiung in den letzten Jahrzehnten immer häufiger Frauen, die abwechselnd mit zwei befreundeten Männern schlafen und eines Tages schwanger werden, vor der quälenden Frage stehen, von wem das Kind stammt, eine Frage, die sich später auch schicksalhaft auf das heranwachsende Kind legt.

Max Delius, ein eleganter, beruflich erfolgreicher Astronom, im Nebenberuf Frauenheld, nimmt nachts auf der Fahrt nach Amsterdam in seinem schnittigen Sportwagen einen Tramper mit, einen großen, bulligen Mann – Onno Quist, von Beruf Schriftgelehrter.

»Wohin wollen Sie?«

»Fahren Sie Richtung Amsterdam?«

»Steigen Sie ein.«

Onno machte einen Schritt zurück und nahm das Auto abfällig in Augenschein.

»Aber nur unter Protest!«

»Ich flehe Sie an«, sagte Max amüsiert.

Als er nach einigen Mühen im Wagen saß, oder besser: lag, gab Max Vollgas, und das Auto raste davon wie ein Rennpferd.

»Nette Karre«, sagte Onno mit einem Gesicht, in dem zu lesen war, dass er seinen Wohltäter für nicht ganz bei Trost hielt.

Max lachte.

»Ach das ist noch gar nichts. Wenn ich einmal groß bin, kaufe ich mir einen weißen, offenen Rolls-Royce. Dann setze ich mich in einem weißen Pelzmantel in den Fond, und ans Steuer eine bildschöne Frau.« Mit schiefem Mund musste auch Onno jetzt lachen und drehte den Kopf zur Seite.

»Warum kaufen Sie nicht gleich einen Kinderwagen?«

Max sah ihn kurz an. Sie hatten einander gefunden – das war der Moment. Mit diesem wenigen Worten war eine Brücke geschlagen worden. Max wusste sich von Onno durchschaut wie von nie jemandem zuvor, und Onno fühlte sich von Max verstanden, weil seine aggressive Ironie nicht wie sonst immer auf Widerstand gestoßen war, sondern aufgefangen wurde von einem Lachen, das etwas Unverletzliches hatte. Sie hatten einander erkannt.«[31]

Die Art ihrer ersten Begegnung wird lange Zeit ein Markenzeichen ihrer Freundschaft sein, beide überbieten sich an brillanter Intelligenz, Schlagfertigkeit und Ironie, ihre ebenso witzige wie herzliche Anfrotzelei kann ihre Seelenverwandtschaft nur vertiefen. Erst langsam schmelzen ihre Masken dahin, und sie können, als Kinder des Zweiten Weltkrieges, wie mit »nie jemandem zuvor« über die drückende Last und das Leiden an ihrer familiären Geschichte im Faschismus reden.

In einem Antiquariat lernt Max die Tochter des Buchhändlerehepaares kennen, Ada, eine sensible und begabte Geigerin. Er beginnt eine Liebesgeschichte mit ihr, in die fortan Onno, den Max fast täglich trifft, als Freund einbezogen wird. Als Max Ada verlässt, um sich in neue Liebesabenteuer zu stürzen, verliebt sich Onno in sie. Die beiden heiraten, wodurch Max in die Rolle des Dritten gerät. Durch ihre gemeinsamen Unternehmungen und Adas Konzertauftritte entsteht zwischen ihr und Max jetzt eine platonische Freundschaft. Auf einer gemeinsamen Reise zu Dritt nach Kuba kommt es jedoch zu einem schrecklichen Verrat. Max schläft noch einmal mit Ada und wird seitdem von Schuldgefühlen seinem Freund gegenüber gepeinigt. Seine und Adas Qualen nehmen mit der Gewissheit zu, dass sie während der Reise schwanger wurde, und sie nicht wissen, von wem. Ab jetzt müssen beide das schreckliche Geheimnis vor Onno hüten. Gespannt warten sie auf die Geburt. Erst das Aussehen des Kindes wird den wahren Vater erweisen.

Auch Mulisch lässt das Geschehen in eine Tragödie münden. Auf einer Autofahrt geraten die drei in ein Unwetter, ein Baum stürzt auf den Wagen, und Ada wird bewusstlos in eine Intensivstation eingeliefert. Wochenlang erwacht sie nicht mehr aus ihrem Koma. Kurz vor ihrem Tod entbinden sie die Ärzte von ihrem Kind. Onno ist von seiner Vaterschaft überzeugt, vom Verlust seiner Frau aber dermaßen traumatisiert, dass er beschließt, für unbestimmte Zeit an einen unbekannten Ort zu emigrieren. Er bittet Max um den Freundschaftsdienst, den Sohn für ihn aufzuziehen. Auch Max hat das Trauma verändert. Er übernimmt die Verantwortung, durch die Ähnlichkeit des heranwachsenden Kindes immer sicherer, dass Onno der Vater ist.

Wie Roché lässt Mulisch die Dreiecksfreundschaft, die so beschwingt und ideal hätte weitergehen können, wie sie eine Zeit lang bestand, an der Sexualität scheitern. Die Schwangerschaft bildet den point of no return. Das Motiv wurde bereits von Goethe in »Die Wahlverwandtschaften« als Schlüsselereignis eingeführt. Charlotte fürchtet, sich in den Freund ihres Mannes, den Hauptmann, zu verlieben. Als sie nach einem gemeinsamen Fest mit ihrem Mann schläft, überfällt sie die lustvoll bildhafte Vorstellung, es sei der Hauptmann. Sie wird schwanger, und das Kind trägt in magisch-symbolhafter Verdichtung einige unverkennbare Merkmale des heimlich Geliebten. Nicht die Realität, hier der fiktive Ehebruch, ist entscheidend, sondern die abgewehrten Wünsche und Phantasien. Sie sind die eigentlichen Verursacher des Verderbens. Bei einem Bootsunglück ertrinkt das Kind im See. Damit ist für Charlotte die Trennung von ihrem Mann und der Verzicht auf die mögliche Liebe mit dem Hauptmann besiegelt. Für Goethe, und realistischer ausgestaltet bei Mulisch, führen Verrat, Geheimnis, Schuld und Scham zu seelischen Verknotungen, die zwangsläufig auf die Katastrophe zusteuern. Mit dieser Konsequenz verabschiedet auch Mulisch noch radikaler als Roché in »Jules und Jim« das Modell des Liebes- und Freundschaftsdreiecks als Alternative zur Ehe oder einer freien Partnerschaft zu Zweit. Das einzige, was aber auch für ihn noch zu retten ist, bleibt die frühe Freundschaft, die das Dreieck überdauert, und die Wiedergutmachung des Unrechts, mit dem man am Freund schuldig geworden ist.

Die erstrebte Einheit von Sexualität und Freundschaft in Dreiecksbeziehungen, so lässt sich folgern, bleibt ein emanzipatorischer Wunschtraum, der an der psychischen Realität des Subjekts scheitern muss. Deswegen wurde mit dem weiteren Zerfall von Ehe und Familie die Suche nach anderen Modellen fortgesetzt, um das Ideal dieser Verbindung zu retten. Aber auch Gruppenehen und Kommunen, die sich in den sechziger und siebziger Jahren des letzten Jahrhunderts als solidarische, in Freundschaft verbundene Gemeinschaften mit freier Sexualität verstanden, konnten ihren Anspruch nicht erfüllen. Das in ihnen enthaltene Konfliktpotential übersteigt die seelischen Möglichkeiten des einzelnen, seine eigenen Affekte und Bedürfnisse unter Kontrolle zu bringen und sich an die Erwartungen des Kollektivs anzupassen. Ohne diese Fähigkeiten lässt sich aber die innere Balance alternativer Liebes- und Freundschaftssysteme nicht aufrecht erhalten. Die dem Menschen zugesprochene Tendenz zur Polygamie ist in der Regel nicht auf Gleichzeitigkeit, sondern auf ein Nacheinander gerichtet und scheint die Verbindung mit einer mehrere Personen einbeziehenden Freundschaft auszuschließen.

Deswegen sind die heutigen Formen, in denen sich Menschen von verkrusteten Ehe- und Familienstrukturen zu befreien versuchen, gegenüber den früheren Experimenten als Fortschritt zu werten. Die Lebensabschnittspartner in einer seriellen Monogamie, die living-apart-together Beziehungen oder die Patchwork-Familie sind nur wenige der Modelle, in denen nach kreativen Wegen gesucht wird, um Freundschaft und Sexualität als notwendige Einheit immer wieder neu zu erfinden und zu leben. Aber auch hier sind falsche Idealisierungen fehl am Platz. Gerade sie lassen solche Versuche oft scheitern. Keiner von ihnen ist ohne erhebliche Konflikte denkbar. Sie zu verleugnen, schafft sie eher herbei. Kein Leben erfüllt sich ohne Konflikt. Die Einheit von Sexualität und Freundschaft zählt zu den höchsten Gütern, die wir erreichen können. Dieses Geschenk bekommen wir nicht umsonst.

Ein letzter Punkt, der in der psychoanalytischen Diskussion über Dreiecksfreundschaften eine wichtige Rolle spielt, darf hier nicht unerwähnt bleiben. Es geht dabei um die meist latente, gelegentlich auch manifeste Homosexualität. Viele Erfahrungen der Tiefenpsychologie sprechen dafür, dass besonders in der Dreieckskonstellation von zwei Männern und einer Frau manche Männer ihre homoerotischen Bedürfnisse, meist unbewusst, scham- und schuldgefühlsfreier genießen können, weil sie sich durch ihre praktizierte Heterosexualität besser geschützt fühlen. Unter dieser Tarnung ziehen sie in der Phantasie oder bei der direkten Beobachtung des Geschlechtsaktes zwischen dem Freund und der Freundin mehr Befriedigung aus der Sexualität des Freundes als aus der der Freundin. Durch die Identifikation mit der Freundin rücken sie in der Vorstellung an deren Stelle und werden so zu den eigentlichen Geschlechtspartnern des Freundes. Auch in der manifesten Homosexualität im Dreieck wirkt diese mehr beiläufig, weil angeblich die Frau das erstrebte Sexualobjekt für die beiden Männer darstellt.

Natürlich spielt die Homosexualität auch im Dreieck von zwei Frauen und einem Mann psychodynamisch eine wichtige Rolle. Sie findet aber kaum ein wissenschaftliches und öffentliches Interesse, weil die weibliche Homosexualität unter einem weit geringerem Tabu steht als die männliche.

Für beide Konstellationen eröffnet der geschilderte Sachverhalt noch mal eine neue Perspektive auf die möglichen Konflikte in einem Liebes- und Freundschaftsdreieck. Oft dürften die Eifersucht und andere destruktive Gefühle von zwei beteiligten Männern nicht in erster Linie der Freundin gelten, sondern dem Freund, der einem durch die Freundin genommen wird, oder den die Freundin mehr bevorzugt als einen selbst. Entsprechendes gilt für zwei Freundinnen im Dreieck. Deswegen ist nicht auszuschließen, dass Dreiecksfreundschaften in vielen Fällen nicht an ihren heterosexuellen Konflikten scheitern, sondern häufig durch die meist unbewussten homoerotischen Komplikationen an ihre Grenzen stoßen.

VII. Das Piano auf der Straße
Augenblicksfreundschaften

Kinder- und Jugendfreundschaften, Freundschaften unter Frauen, unter Männern, Freundschaft der Geschlechter. Dreiecksfreundschaften. Freundschaften leben aus dem Formenreichtum menschlicher Beziehungen, und da sie in der Regel eine längere Dauer umfassen, sind sie vergangenheits-, gegenwarts- und zukunftsorientiert. Sie bewahren unsere persönliche Geschichte, die gemeinsam erinnert und immer wieder erzählt wird, und die durch den Austausch ihrer glücklichen und leidvollen Erfahrungen eine Gemeinschaft stiftet, in der man sich aufgehoben und geschützt fühlt. Freundschaft erhellt unsere Gegenwart wie Lichtpfeiler eine Nebellandschaft, und die Gewissheit, Freunde zu haben, kann ein Gefühl vollkommener Ruhe und Gelassenheit vor den Unwägbarkeiten der Zukunft erzeugen. Erst diese zeitübergreifende Dimension erklärt das »Wir-Gefühl«, das aus Freundschaften erwächst, und ihre seelisch prägende Kraft, von der Nötzoldt-Linden schreibt: »Freundschaft wirkt als Organisator der Psyche sowie des sozialen Umfeldes«, indem sie ihr »eigenes Universum« schafft.[32]

Neben diesen langfristigen Freundschaften gibt es einen Freundschaftstyp, der nicht alle Dimensionen der Zeit durchmisst, und doch zu den seltenen Glücksmomenten und Höhepunkten menschlicher Begegnungen zählt – die Augenblicksfreundschaft.

Eine warme Sommernacht in einer Stadt im Ruhrgebiet. Nach einer Buchlesung und längeren Diskussion in einer Bibliothek ist es spät geworden. Bevor ich ins Hotel gehe, mache ich noch einen Spaziergang durch die menschenleere

Fußgängerzone einer schmucklosen Einkaufsstraße. Aus der Ferne sehe ich mitten auf dem Pflaster einen unförmigen Gegenstand. Als ich näher komme, entpuppt er sich als ein schwarzer, vom Zahn der Zeit abgewetzter Konzertflügel, auf und unter dem einige Matratzen liegen. Verwundert gehe ich um ihn herum. Wie kommt die kunstvolle Installation in diese eintönige Stadt? Vorsichtig hebe ich den Deckel von der Klaviatur und schlage zaghaft ein paar Töne an.

»Spiel doch was!« höre ich plötzlich eine Stimme und bemerke erst jetzt zwei Gestalten, die etwas entfernt im Schatten einer Hecke auf einer Bank sitzen. Ich gehe zu ihnen hin, eine junge Frau, ein junger Mann kauen an ihren Sandwiches. »Ich kann nicht spielen, und außerdem ist es schon kurz vor Mitternacht:« »Das macht nichts«, sagt der Mann, »hier wohnt niemand.« Ich setze mich zu ihnen, und sie erzählen von ihren Rundreisen mit dem Flügel während der Sommerzeit, jeden Monat in eine andere Stadt. Das Geld reiche ihnen zum Leben. Inzwischen haben sie ihren Sandwich verdrückt, und Rolf, so heißt er, geht ans Klavier und spielt – Chopin. Im Hintergrund die Silhouette einer romanischen Kapelle, das älteste Bauwerk, das die Zerbombung der Stadt überstanden hat. Die Preludes perlen durch die Nacht.

Als er zurückkommt, fragt mich Isabel, seine Freundin, was ich hier mache, ich sei sicher fremd. »Stimmt«, sage ich, »ich hatte gerade eine Lesung in der Stadtbibliothek.« Isabel springt begeistert auf. »He, Rolfi, wir haben einen richtigen Autor unter uns, kannst Du das fassen?« Rolf nickt bewundernd. »Diesen Abend müssen wir begießen«, sage ich und gebe Isabel zwanzig Mark, sie will in der nächsten Kneipe eine Sektflasche besorgen. Kurze Zeit später ist sie zurück, der Korken knallt und wir trinken auf die sternklare Nacht, die Musik und die unverhoffte Begegnung. »Ich trinke auch auf Eurer Musikantenglück und Eure Liebe.«

Isabel legt ihre Arme um meinen Hals. »So was gibt's doch nur selten.« Als die Flasche leer ist, geht Rolf noch mal an den Flügel und spielt für mich ein Rondo von Mozart. Ich verabschiede mich, während die beiden die Matratzen zu einem Nachtlager umbauen.

Augenblicksfreundschaften. Freundschaften für einen Augenblick, für eine Stunde, einen Tag oder eine Nacht. Das kaum beschreibbare Glück einer Zufallsbegegnung, die wie ein Zauber alles Fremde von einem Moment zum anderen aufhebt und in eine spontane Nähe und ein Verstehen verwandelt, wie wir sie sonst nur in langen Verwandtschafts-, Liebes- oder Freundschaftsbeziehungen erfahren. Begegnungen auf einer Zugfahrt, einer Schiffsreise, in einer fernen Stadt, in einem Cafe, auf einem Fest, einer Veranstaltung. Plötzlich sitzt ein Fremder neben einem. Sein Blick, sein Lächeln oder der erste Satz lösen die unsichtbaren Grenzen auf, die wir gegen das Fremde errichten, und wir sind offen, wie sonst kaum jemals, offen für alles, was jetzt geschehen wird. Wir haben nicht mal mehr Zeit, uns über unser unerwartetes Offensein zu wundern. Es ist einfach da. Unerklärlich.

Ein Mittag. Das Telefon klingelt. Ein Arzt teilt mir mit, dass mein Vater auf dem Transport zum Krankenhaus an einem plötzlichen Herzinfarkt verstorben ist. Ich nehme das letzte Flugzeug und fahre mit dem Taxi zu unserem Haus, in dem mein Vater nach dem Tod meiner Mutter seit einem Jahr allein gelebt hat. Es ist dunkel und kalt. Ich gehe durch die leeren Räume und setze mich im Arbeitszimmer meines Vaters an seinen schweren Mahagonischreibtisch. Auf dem Teller des Plattenspielers daneben liegt Schuberts »Unvollendete«. Mein Vater liebte Schubert. Ich hole seinen Mercedes aus der Garage und fahre auf der Autobahn durch die Nacht ins Altstadtviertel der nächsten Stadt. In einem überfüllten Lokal finde ich einen leeren Tisch und will in meinem Notizbuch einige Gedanken aufschreiben. Zwei Männer setzen sich zu mir. Einer sieht mich lange an und sagt dann: »Sie schauen nicht gut aus, ist etwas passiert?« »Mein Vater ist heute gestorben«, antworte ich. Sein Gesicht verwandelt sich. Tiefe Anteilnahme und Mitleid. Er bestellt bei der Wirtin ein Bier für mich. »Das kenne ich«, sagt er nach einer längeren Pause, »mein Vater ist auch vor einem Monat gestorben.« Als die Wirtin das Bier bringt, stoßen wir zusammen an.

Solche Begegnungen vergisst man nie mehr. In ihnen gibt es keine gemeinsame Vergangenheit und keine Zukunft, oft sogar keine Namen, nur den Moment einer unbegreiflichen Verständigung. In der Fachliteratur existiert der Begriff der Augenblicksfreundschaft nicht. Und doch ist es das untrügliche Gefühl der Freundschaft, das sich in einer besonderen Situation, an einem besonderen Ort oder zu einer besonderen Zeit zwischen Menschen einstellen kann, die sich völlig fremd sind.

Psychologisch lassen sich verschiedene Faktoren benennen, aus welchen Gründen und in welchen Gefühlslagen Begegnungen dieser Art zustande kommen. Ein momentaner Zustand der Einsamkeit zum Beispiel, in dem die regressive Sehnsucht nach Kontakt, Verbundenheit und Verstandenwerden die normalen Hürden einer vorsichtigen Annäherung überspringt, und der andere die Signale empfängt und auf derselben Wellenlänge zurücksendet. Oder die absolute Freiheit, die im Fremdsein verborgen liegt. Man kann sich dem anderen anvertrauen oder der andere öffnet sich, gerade weil keiner den anderen kennt, keiner durch eine gemeinsame Vergangenheit belastet ist, und die offenbarten Geheimnisse gewahrt bleiben, weil es keine gemeinsame Zukunft gibt, in der ihre Enthüllung zur Gefahr werden könnte. Augenblicksfreundschaften sind frei von jeder Enttäuschung, aber auch frei von Verpflichtung und Versprechen. Diese Leichtigkeit verleiht ihnen Flügel. Ein anderes Motiv für solche unerwarteten Begegnungen entsteht in Situationen existentieller Bedrohung. Man vertraut dem anderen fast blindlings, weil man sich in seiner Anwesenheit geschützt fühlt.

Nicaragua. Kurz vor dem endgültigen Scheitern der sozialistischen Revolution unternehmen wir eine Gruppenreise mit zwölf Psychotherapeuten, um uns vor Ort über die Salud Mental Projekte einer deutschen Hilfsorganisation zu informieren. Wir sind in der Hauptstadt Managua gelandet. Die meisten Teilnehmer werden in einer alten Kolonialvilla untergebracht. Thomas, der Organisator der Projekte, und ich müssen in einer entfernten Finca übernachten, deren Türen und Fenster von schweren Eisengittern verriegelt sind, weil die von den USA unterstützten Contras täglich blutige Überfälle in der Stadt verüben.

Nach einem anstrengenden Tag suchen wir in der verdunkelten Küche ein paar Flaschen Bier und setzen uns wegen der unerträglichen Hitze vor die Gitter auf die Treppenstufen der Veranda. Bis auf den schrillen Zikadenlärm aus den Tropenbäumen des Gartens in der stockfinsteren Nacht ist alles ruhig. Wir kennen uns noch nicht, trinken das warme Bier, schweigen und spüren deutlich unsere Angst. »Dieser Krieg und das Leiden der Bevölkerung machen mich auf Dauer völlig fertig«, sagt Thomas in das Schweigen hinein, »und was wir tun können, ist weniger als ein Tropfen auf einem glühenden Stein.« »Apropos glühend«, fährt er nach einer Pause fort, »weißt Du, dass Somoza seine Gegner in Hubschraubern auf die aktiven Vulkane fliegen und über den Lavatrichtern abwerfen ließ?« Als ich mein Entsetzen halbwegs überwunden habe, frage ich ihn: »Warum tust Du das alles trotzdem?« »Ich muss!«, sagt er kurz, und dann sprechen wir lange über uns.

Ich habe Thomas nur wenige Male wieder gesehen. Es war nicht nur die große Entfernung der Städte, die uns trennte, es waren auch unsere unterschiedlichen Aufgaben. Aber diese Nacht in Managua hat ihn mir zum Freund gemacht.

Einer von vielen weiteren Anlässen für Augenblicksfreundschaften entstammt Zuständen absoluter Verzweiflung und auswegloser Katastrophen, in denen man nichts mehr zu verlieren hat. Das einzige Motiv, sich noch einmal einem fremden Menschen rückhaltlos zu offenbaren und seine überraschende Nähe zuzulassen und sich ihr auszuliefern, liegt in der noch glimmenden Hoffnung, der andere möge einen letzten Ausweg finden. Dieses meist unbewusste Rettermotiv erzeugt bei beiden, dem Retter und dem zu Rettenden, eine Konzentration der Gefühlskräfte, eine wechselseitige Empathie und Beziehungsintensität, die beide unvergesslich zusammenschweißt.

Ein solches Psychogramm einer Augenblicksfreundschaft hat Tennessee Williams in seinem Schauspiel »Die Nacht des Leguan« in einer eindrucksvollen Begegnung gestaltet. Ort der Handlung ist ein heruntergekommenes Strandhotel am Rande des mexikanischen Dschungels. Shannon, ein amerikanischer Priester, der wegen sexueller Verführung einer Jugendlichen aus der Kirche ausgestoßen wurde, hat sich als Reiseleiter verdingt und übernachtet mit einer Gruppe exaltierter Frauen in dem Tropenhotel. Er ist ein innerlich zerrissener, mit seinem Schicksal hadernder Mann, der noch immer an seinem Glauben und an dem früheren Priesteramt hängt, aber seine sexuellen Obsessionen nicht überwinden kann. Er leidet zusätzlich unter seinem sozialen Abstieg und hasst seinen jetzigen Beruf, ohne den er aber seine Existenz nicht sichern könnte.

Es ist wieder ein junges Mädchen aus der Frauengruppe, dessen Verführungskünsten er während des Aufenthalts in dem Hotel erliegt. Shannon wird von der Gouvernante denunziert, der Skandal führt zu seiner fristlosen Entlassung aus der Reisefirma. Nach dem Verlust seines letzten Halts bricht Shannon seelisch zusammen. Bevor ihn der Wahnsinn völlig erfasst, stürzt er sich betrunken und in suizidaler Absicht ins offene Meer, in dem es von Haien wimmelt.

Zwei mexikanische Boys holen ihn zurück und fesseln ihn in seinem Hotelzimmer ans Bett. Shannon wird von Tobsuchtsanfällen, panischen Ängsten und religiösen Wahnvorstellungen geschüttelt.

Inzwischen ist es Nacht geworden. Hannah betritt sein Zimmer. Sie ist eine nonnenhaft wirkende Malerin, die mit ihrem greisen Großvater, einem Dichter, durch die Welt zieht und durch Portraitmalen und Rezitieren von Gedichten den kargen Unterhalt für beide verdient. Sie sind außer der Frauengruppe die einzigen in dem Hotel gestrandeten Gäste. Tagsüber hat Shannon noch ironisch mit Hannah geflirtet und sich über ihre asketische Lebenshaltung lustig gemacht. Jetzt schreit er sie an, sie solle ihn losbinden. Sie lehnt das ab, bevor er nicht statt Whisky einen beruhigenden, wenn auch, zugegeben, scheußlich schmeckenden Mohnsamentee getrunken habe, den sie auf einem Kocher für ihn zubereitet. Nach langem Wehren gehorcht er der gelassenen Unbeirrtheit ihrer Zuwendung. Es ist der Auftakt zu einem langem Gespräch in einer langen Nacht, in der eine Augenblicksfreundschaft entsteht, bei der Hannah Shannons innere Dämonen besänftigt, und er sie von einem lähmenden Geheimnis erlöst.

»Mr. Shannon, bitte, hören Sie auf, so kindisch zu sein. Ich kann es nicht ertragen, wenn sich ein Mensch, vor dem ich Respekt habe, wie ein kleiner grausamer Junge aufführt.«

»Respekt?«

»Ja, Respekt.«

»Was haben Sie in mir entdeckt, das Sie respektieren – Sie dünner weiblicher Buddha?«

»Ich habe Respekt vor einem Menschen, der um seine Anständigkeit kämpfen und heulen muss und seine – «

»Welche Anständigkeit?«

»Ja, um seine Anständigkeit und um sein Stückchen Gutsein.«

Jetzt zeigt auch Shannon zum ersten Mal ein ernsthaftes Interesse an Hannahs Leben. Er fragt sie nach ihrem Alleinsein auf den ewigen Wanderungen von Hotel zu Hotel, nach der Einsamkeit ihres Frauenschicksals mit ihrem alten Großvater und nach ihrer Zukunft, wenn er in Kürze sterbe, eine Ahnung, die sich am nächsten Morgen erfüllt. Ob sie nicht wie jeder Mensch ein Heim brauche? Hannah gibt sich noch gefasst. Ein Heim sei kein Platz, an dem man bleibt. »Ich meine ein Zuhause, das zwei Menschen füreinander bauen, wo sie sich mit ihren Gefühlen einrichten und ruhig sein können – Verstehen Sie das, Mr. Shannon? Der Beruf zwingt mich, mit Fremden schnell in Kontakt zu kommen. Die werden dann sehr rasch zu Freunden, wenn sie freundlich sind.«

Shannon widerspricht. Jeder Vogel baue sich ein Nest, um darin zu nisten, sich zu paaren und darin Sicherheit zu finden.

»Ich muss wiederholen, dass ich kein Vogel bin, Mr. Shannon. Ich bin ein Mensch. Und wenn ein Mitglied dieser phantastischen Art Mensch ein Nest im Herzen eines anderen Mitglieds baut, dann ist Sicherheit nicht die erste und auch nicht die letzte Eigenschaft, die erwogen wird …«

Die Wärme des Herzens zwischen Menschen ist Hannah wichtiger als »die Vergänglichkeit aller Dinge«, die sie bis zum Überdruss erfahren habe.

Shannon bittet sie, ihr eine »unnette Frage« stellen zu dürfen.

»Stellen Sie sie. Hier, heute nacht, sind keine Grenzen für Fragen gesetzt.«

»Auch keine für die Antworten?«

»Keine, die ich mir zwischen Ihnen und mir vorstellen könnte, Mr. Shannon.«

»Die Frage lautet: – Haben Sie je ein Liebesleben gehabt?«

In der Regieanweisung heißt es: »Hanna steht steif: einen Augenblick.«

Sie versucht auszuweichen, weil die Frage sie bis ins Mark trifft und an den Wahnsinn ihrer Existenz rührt. Shannon muss die Frage wiederholen, bevor sie antwortet.

»Es gibt Dinge – die schwerer zu ertragen sind als Keuschheit, Mr. Shannon.«

»Ja, Irrsinn und Tod sind beide ein wenig schlimmer, vielleicht!«

Hannah braucht etwas Zeit, bis sie ihren Widerstand aufgeben kann. Dann gesteht sie zum ersten Mal einem Menschen ihre Jungfräulichkeit ein und spricht mit ihm über zwei sexuelle Erlebnisse in ihrem Leben, deren demütigende Trostlosigkeit ihre asexuelle Einstellung und ihre Ängste bedingt oder verfestigt haben könnten, und die sie bis zu diesem Augenblick als beschämendes Geheimnis in sich abgekapselt hat.

Williams schrieb zu dem Theaterstück: »Das einzig Befriedigende, was uns im Leben bleibt, sind die Beziehungen zwischen Menschen – falls sie aufrichtig sind. »Die Nacht des Leguan« ist ein Stück, dessen Thema das Leben jenseits der Verzweiflung, das Dennoch-Leben ist.«[33]

Die Begegnung von Hannah und Shannon, deren Wege sich am darauf folgenden Tag trennen, drückt in ihrer Menschlichkeit einen Grad an Öffnung, Verstehen, Verzeihen und Beistand aus, wie er in dieser Absolutheit selbst in lang währenden und noch so guten Bindungen nicht oft zu erreichen ist. Deswegen haften Augenblicksfreundschaften, an die man noch oft und immer wieder dankbar zurückdenkt, so fest in der Erinnerung. Sie sind die ins Leben eingestreuten Kurzfilme oder Episoden, die uns eine fast rauschhafte, trunkene und einzigartige Vorstellung davon vermitteln, wie tief die Sehnsucht nach Verstandenwerden reicht. In ihrer seltenen Erfüllung werden Träume real. Es ist das Glück, das man sich beim Fall einer Sternschnuppe wünscht, das Glück, einen bunten Kieselstein, eine von Farben schillernde Muschel in der Hand zu halten und ihre runde Glätte zu spüren. Das, was in den Splittern der Erinnerung bleibt, sind die warmen und herzlichen Gefühle der Freude über Menschen, die einem für kurze Augenblicke des Lebens mit ihrer ganzen Person verbunden waren.

VIII. »Ausgerechnet meine beste Freundin«

Die dunklen Seiten der Freundschaft

In der bisherigen Darstellung erschien die Freundschaft in einem rosa leuchtenden Licht, als Erfüllung unseres Wunsches nach einem oder mehreren Menschen, denen wir voll vertrauen, denen wir uns voll anvertrauen können, nach Bindungen in einer idealen Mischung aus Freiheit, Toleranz, wechselseitiger Verantwortung und friedlichem Wettstreit, die unser Selbstbild und unsere Identität festigen. Es ist der Wunsch nach dem idealen Freund jenseits von Familie und Partnerschaft, in dessen Schutz der gesellschaftliche Raum angstfreier bewohnbar wird.

Glücklich die Menschen, in deren Freundschaften sich diese Bedingungen vollkommen erfüllen. Die vorangehenden Kapitel haben uns jedoch schon darauf vorbereitet, dass dieser in uns allen beheimatete Wunsch in der Realität nur selten so uneingeschränkt eingelöst wird. Auch Freundschaften sind, ähnlich wie Familien- und Liebesbeziehungen, höchst verletzliche Gebilde, weil sich in ihnen zwei Gefühlswelten begegnen, die von unterschiedlichen Interessen, Bedürfnissen, Erwartungen und Ansprüchen geleitet werden und deswegen häufig widersprüchlich ausfallen. Aus diesen Widersprüchen speist sich ein Grundgefühl von Ambivalenz, wie es für alle engen Bindungen charakteristisch ist. Die Ambivalenz steht unserem Urbedürfnis nach Harmonie entgegen. Jede Störung des Gleichklangs führt aber zu einer Verletzung dieser narzisstischen Sehnsucht nach

Einssein. Der Grad der Verletzung hängt sowohl von der Art und Intensität der störenden Einflüsse ab, die von der anderen Person ausgehen, als auch davon, wie ausgeprägt unsere eigene Verletzlichkeit ist. Diese wechselseitigen Reaktionen können Freundschaften außerordentlich komplizieren und machen das Thema ihrer Verletzbarkeit so wichtig. Deswegen wäre das bisher entworfene Bild unvollständig, wenn es nicht die Schattenseiten der Freundschaft einbeziehen würde.

Die Missstimmungen und Konflikte, die in ihnen auftreten, können konkrete Ursachen haben; ebenso häufig entstammen sie jedoch unbewussten Motiven und Haltungen bei uns selbst oder der Freundin und dem Freund, weswegen wir sie nicht verstehen. Wir suchen nach den Gründen, stellen Vermutungen an, quälen uns in Gedanken und treffen doch dabei meist nur auf äußere Anlässe, die für die Störung des Gemeinschaftsgefühls verantwortlich sein könnten. Aber diese verdecken oft nur die tiefer liegenden und eigentlichen Quellen für Hader und Streit.

In der gesamten psychologischen und sozialwissenschaftlichen Literatur über Freundschaften ist man sich einig, wie störanfällig sie, ähnlich wie andere tiefere Bindungen, sind, ja, dass die Störungen erst aus der engen emotionalen Verbundenheit und der damit gegebenen größeren Gefühlsabhängigkeit entstehen. Auffallend dabei ist jedoch, dass sich die Forschung auf die Benennung einiger äußerer Störfaktoren und einiger Gefühlsqualitäten beschränkt, ohne die Tiefenschichten der Konflikte und vor allem die seelischen Folgen für die Beteiligten näher zu ergründen. Erst eine genauere Suche nach den psychologischen Ursachen ist jedoch in der Lage, Wege zu ihrer Lösung zu finden. Wenn man bedenkt, welch einen zentralen Stellenwert Freundschaften im Leben jedes Menschen einnehmen, und wie verletzbar er in ihnen ist, erscheint es notwendig, hier mehr Licht ins Dunkle zu bringen. Bei Durchsicht der Literatur fand ich nur eine Ausnahme. Verena Kast hat in ihrem Buch »Die beste Freundin« ein kurzes Kapitel über »Neid, Rivalität und Eifersucht« zwischen Frauen aufgenommen. Deswegen gehen ihre Befunde in die folgende Darstellung mit ein. Sie soll die negativen Gefühlseinstellungen und Erlebnisse in Freundschaften in ihren wichtigsten Facetten gesondert behandeln, weil nur eine detaillierte Betrachtung den schmerzlichen Freundschaftserfahrungen gerecht wird, die jeder Mensch im Laufe seines Lebens macht und die er durch ein besseres Verständnis vermeiden oder leichter verarbeiten kann.

Der Verrat

Sichtlich aufgeregt kam Frau E. in mein Therapiezimmer. Im ersten Moment erkannte ich sie fast nicht wieder. Bisher immer sportlich elegant gekleidet, trug sie heute eine ausgeleierte Trägerjeans mit einer zerknautschten Bluse. Ihr ungeschminktes Gesicht wirkte verwüstet.

»Was ist geschehen?«, fragte ich erschrocken.

Sie legte sich auf die Couch und schluchzte, als habe der Himmel alle Schleusen geöffnet.

»Sie hat mich verraten!«, brach es schließlich aus ihr heraus.

»Wer hat Sie verraten?«

»Clara!«

Frau E. hielt Clara für ihre beste Freundin. Als sie sich etwas beruhigt hatte, erzählte sie:

»Es war gestern morgen. Ich musste nicht zur Arbeit und räumte nach dem Frühstück die Wohnung auf. Mein Mann war schon gegangen. Ich wollte sein Jackett, das über einem Sessel lag, in den Schrank hängen. Plötzlich rieche ich einen Parfümduft. Ich halte das Jackett an meine Nase und fühle mich plötzlich wie am Boden zerstört: Es ist das unverwechselbare »Champs-Elysées« von Guerlain, das ich nur von Clara kenne.«

Am Abend stellte Frau E. ihren Mann zur Rede. Das Verhältnis bestand schon seit knapp einem Jahr.

»Ausgerechnet meine beste Freundin!«, sagte Frau E. »Ich begreife nicht, wie sie das tun kann, und werde es wahrscheinlich in meinem ganzen Leben nicht begreifen.«

Es scheint mir bezeichnend, dass Frau E. nicht zuerst von der Untreue ihres Mannes erschüttert war, sondern der Verrat der Freundschaft durch Clara viel elementarer erlebte. Dass Männer und in heutiger Zeit auch immer mehr Frauen in langjährigen Ehen oder Partnerschaften einmalig, gelegentlich oder auch häufiger untreu sind, ist jedes Mal wieder eine äußerst schmerzhafte und enttäuschende Erfahrung. Ihre seelischen Folgen sind in der Regel jedoch weniger traumatisch, weil Untreue in einem aufgeklärten und sexuell liberalen Zeitalter zu einem kollektiven Phänomen geworden ist, das sich in unserem Bewusstsein als Tatsache eingeschrieben hat, mit der wir zu rechnen gelernt haben. Solange die ursprüngliche Beziehung ungefährdet bleibt, führt Untreue nur in extremen Fällen auch zur Trennung. Für sie sind tiefer liegende psychische Gründe ausschlaggebender.

Der Mann von Frau E. begeht mit seiner Untreue allerdings einen unverzeihlichen Tabubruch, indem er mit der besten Freundin seiner Frau ein Verhältnis eingeht. Frau E. erleidet dadurch einen Doppelverrat von endgültiger Bedeutung, bei dem sie gleichzeitig zwei Liebesobjekte verliert. Die Trennung von Clara erfolgte sofort, die von ihrem Mann einige Zeit später.

Warum aber wog der Verrat der Freundin zunächst schwerer? Da solche Vorkommnisse leider keine Seltenheit sind und regelmäßig heftige Reaktionen auslösen, ohne dass sie recht verstanden werden, erscheint zur Beantwortung der Frage ein kurzer Exkurs angezeigt.

Bekanntlich gilt in familiären Beziehungen das Inzesttabu.

Es repräsentiert ein tief verinnerlichtes Prinzip, das sexuelle Kontakte in einem biologischen Verwandtschaftssystem ausschließen soll. Im Laufe der kulturellen Entwicklung wurde das Inzesttabu auch in übertragenem Sinne auf Beziehungen angewandt und dort in der Regel respektiert, die in Intensität, Nähe und wechselseitiger Verpflichtung einen verwandtschaftsähnlichen Charakter annehmen. Freundschaften sind in diesem Sinne abgeleitete Verwandtschaftssysteme. In ihnen werden nicht nur familiäre Erfahrungen tradiert und weitergelebt, man spricht in ihnen auch von »Seelenverwandtschaft« und »Wahlverwandtschaft«. Freunde sind wie »Brüder«, Freundinnen wie »Schwestern«. Nicht nur in literarischen Erfindungen tauschen sie gelegentlich ihr Blut als Zeichen ihrer verwandtschaftlichen Zugehörigkeit. Diese semantischen Begriffsbildungen und symbolischen Handlungen illustrieren die eindeutige Brückenfunktion der Freundschaft zwischen Verwandtschaft und außerfamiliären Gruppen, wobei sie ihrem Charakter und ihrer Funktion nach der ersteren näher steht.

Aus dieser Perspektive stellen aber nicht nur Freundschaften verwandtschaftsähnliche Systeme dar. Noch verbindlicher gilt dies für Ehen und lange Partnerschaften. Sie bilden zwar keine Verwandtschaft im ursprünglich biologischem Sinn, werden aber durch die Integration der Partner in ihre jeweiligen Verwandtschaften ebenfalls zu deren Mitgliedern und bauen durch eigene Kinder die zwei Verwandtschaftssysteme weiter aus. Deshalb unterliegen auch sie dem erweiterten Inzesttabu als moralische Schranke zur Erhaltung der psycho-ökologischen Balance der Systeme. Zur Verdeutlichung: Ein Mann, der mit der Schwester seiner Frau oder gar mit seiner Stieftochter schläft, begeht einen klaren Verstoß gegen das erweiterte und für alle verbindliche Tabu.

Nach diesem Verständnis fließen in der Begegnung zwischen einem Ehepaar und einem Freundespaar, in denen eine der Personen beiden Paarbildungen angehört und sie verbindet, zwei verwandtschaftsähnliche Systeme zu einem zusammen, für das wir die Gültigkeit des Inzesttabus im Sinne einer ethischen Grenzziehung annehmen müssen. Bewusst gelebte Liebes- und Freundschaftsbeziehungen im Dreieck, – das ist an dieser Stelle zum Kapitel über Dreiecke nachzutragen – scheitern wahrscheinlich auch deswegen, weil sie unbewusst die permanente Verletzung des Inzesttabus in Kauf nehmen, und die Schuld darüber zu einer unerträglichen Last wird.

Der Exkurs macht deutlich, warum sich Frau E. nur solange in einem harmonischen Dreieck befand, wie es durch die Inzestschranke geschützt war. Nach dem Verrat entsprach ihre Situation immer häufigeren Alltagserfahrungen, die sich besonders in der Single-Kultur auszubreiten scheinen, nach denen eine von zwei Freundinnen den Partner der anderen begehrt, oder einer von zwei Freunden die Partnerin des anderen. »Warum ausgerechnet meine beste Freundin/mein bester Freund?« Die Nichtbeachtung des Inzesttabus in diesen Fällen löst so gut wie immer schwerste Krisen bei der oder dem Betrogenen aus. Die faktische und moralische Grenzüberschreitung stellt einen aggressiven Akt dar, bei dem der Dritte sich von zwei Seiten gedemütigt und gleichzeitig aus zwei Systemen ausgestoßen fühlt. Durch diese Entwertung wird sein Selbstbewusstsein und seine Identität radikal in Frage gestellt. Clara war in das Revier ihrer Freundin eingebrochen und hatte dort ihre »Duftmarke« hinterlassen, ein Motiv, das nicht nur in der Realität, sondern wegen seiner hohen symbolischen Bedeutung in zahlreichen literarischen Ehedramen und -komödien häufig wiederkehrt.

Nach diesem Exkurs bleibt die Frage zu beantworten, warum der Verrat durch die Freundin für Frau E. zunächst schwerer wog als der durch ihren Mann. Wie oftmals in solchen Verstrickungen kriselte Frau E.s Ehe bereits seit geraumer Zeit. Ihr Mann neigte zu Seitensprüngen. Auch wegen anderer Dissonanzen hatte sie schon öfter an Scheidung gedacht. Die dunklen Seiten von Clara waren Frau E. dagegen bisher entgangen, sie idealisierte sie stark und ihr Vertrauen in die beste Freundin war beinahe grenzenlos. Umso tiefer musste sie stürzen, als sie sah, wie sehr sie von ihr getäuscht wurde und sich selbst von ihr hatte täuschen lassen. Durch die Entidealisierung brach nicht nur von einem Augenblick zum anderen deren Bild in sich zusammen, sondern vor allem das Selbstbild, das sich Frau E. im Spiegel der Freundin aufgebaut hatte. Durch den Verrat fühlte sie sich schutzlos dieser plötzlichen Enteignung ihres Selbst ausgeliefert und geriet in eine schwere Identitätskrise.

Der Verrat verletzt aber nicht nur die psychische Innenwelt, das eigne Selbst, sondern auch die Beziehungen zur Außenwelt, die durch das »Loyalitätsprinzip« und den »Gerechtigkeitssinn« maßgeblich gesteuert werden. Die Familienforscher Boszormenyi-Nagy und Spark halten beide Prinzipien für transgenerational vererbte und tief verinnerlichte Gesetze, die jeden Menschen unbewusst dazu verpflichten, die Normen und Werte einer ihm eng verbundenen sozialen Gruppe zu respektieren, ob in der Familie, in der Partnerschaft oder in der Freundschaft. Jede Übertretung dieser moralisch wirksamen Verpflichtungen wird ebenfalls als Verrat und als Ungerechtigkeit erlebt, Erfahrungen, die in extremen Situationen das Subjekt zerbrechen oder zur äußersten Auflehnung treiben können. Hierin haben Streitigkeiten und Zerwürfnisse bis zur Trennung einer Freundschaft einen häufigen Grund. Denn die mit dem Verrat verbundenen Kränkungen sind nur schwer wieder gut zu machen.

Der Verrat einer Freundschaft durch den Bruch des Inzesttabus gehört sicher zu den verbreitetsten und schwerwiegendsten Verletzungen. Es gibt jedoch noch andere Formen des Verrats. In seiner allgemeinsten Bedeutung und für jedermann unmittelbar erkennbar stellt der Verrat eine bewusst intendierte und konkrete Handlung dar, um einen anderen zu schädigen oder in ein schlechtes Licht zu rücken. Ein Mann stellt seinen Freund vor allen Mitarbeitern durch die Bemerkung bloß, dass seine Krankschreibung nur fingiert war; eine Frau macht die Freundin vor anderen durch die Mitteilung lächerlich, dass sie ihr Examen nicht bestanden hat. Neben solchen banalen Beispielen hat erst die jüngste deutsche Geschichte ein unfassbares Kapitel des politischen Verrats aufgedeckt – die jahrelange und systematische Bespitzelung in der ehemaligen DDR unter Freunden, von denen einer als Stasi-Mitarbeiter tätig war. Die Welle der Empörung, die diese Enthüllung ab 1990 besonders unter Schriftstellern, Künstlern und Intellektuellen auslöste, ist inzwischen in der Öffentlichkeit abgeklungen. Aber die Konzentration von Gemeinheit, Arglist und Täuschung, die in diesen Denunziationen offenbar wurde, hat bei den Opfern unheilbare Wunden geschlagen, weil das Unrecht ihr Freundschaftsideal und ihre menschliche Würde aufs Tiefste verletzt hat.

Neben den offenkundigen und groben Formen des Verrats gibt es feinere, und diese in allen Nuancen. Das beginnt in der Kindheit, wenn sich Geschwister oder Freunde gegenseitig verpetzen, oder wenn die Mutter allabendlich ihrem Mann die »Sünden« ihrer Kinder weiter trägt. Auch später illustriert das Plaudern aus dem Nähkästchen die Allgegenwart des Verrats. Ein Mann vertraut einem gemeinsamen Bekannten an, dass sein Freund impotent ist; eine Frau erzählt einer anderen von der Neigung ihrer Freundin zur Kleptomanie. Die Beispiele sind Legion. Deswegen leben viele Menschen nach der Devise: Vertrauen ist gut, Misstrauen besser. Bei genauerem Hinsehen weist ihre Biographie so viele Erfahrungen des Verrats auf, dass ihre Schwierigkeiten mit Freundschaften nicht überraschen.

Verrat zerstört den Glauben an den Freund. Erich Fromm schreibt dazu: »Auf der Ebene menschlicher Beziehungen ist er (der Glaube, H. P.) ein unerlässlicher Bestandteil jeder bedeutsamen Freundschaft oder Liebe. An einen Menschen glauben heißt, dass man der Zuverlässigkeit und Unwandelbarkeit seiner Grundhaltungen, des Kerns seiner Persönlichkeit gewiss ist. Ich meine damit nicht, dass ein Mensch seine Ansichten nicht ändern dürfe, sondern dass seine grundlegenden Motivationen gleichbleiben; dass zum Beispiel seine Fähigkeit zur Würde und seine Achtung vor der menschlichen Würde anderer ein Teil seiner selbst sind, der keiner Änderung unterworfen ist.«[34]

Neben dem Verlust des Glaubens an einen Freund, von dem man unter Missachtung aller von Fromm genannten Charaktereigenschaften verraten wurde, besteht das psychologisch Gemeinsame aller offenkundigen Formen des Verrats in der Aufdeckung eines Geheimnisses. Geheimnisse gehören zur Integrität jedes Menschen. Viele bleiben deswegen für immer vor der Öffentlichkeit verschlossen. Manche werden mit den engsten Vertrauten geteilt, mit den Eltern, den Geschwistern, den Partnern und Freunden. Am ehesten werden ihnen die süßen Geheimnisse anvertraut, eine Verliebtheit, angestrebte Ziele, heimliche Wünsche, lustvolle Phantasien und ungefährliche Gelüste. Am schwierigsten ist die Mitteilung der schlimmen und vergifteten Geheimnisse, weil sie etwas mit eigener Schwäche, Versagen, Fehlern, Versäumnissen, Schuld und Scham zu tun haben. So befreiend es sein kann, sich auch mit ihnen einem Freund zu öffnen, so sehr ist die Ich-Integrität durch einen Vertrauensbruch bedroht. »Was ich am meisten in einer Freundschaft fürchte, ist die Bloßstellung.« Diese Äußerung einer Frau, die ansonsten über ein stabiles Selbstgefühl verfügt, weist auf die Gefahr der narzisstischen Verletzlichkeit hin, die mit der schonungslosen Offenlegung von Geheimnissen und der Möglichkeit ihres Verrats verbunden ist.

Wie groß die Angst vor der Preisgabe eines schlimmen Geheimnisses selbst in den verlässlichsten Freundschaften ist, hat Tahar Ben Jelloun in seinem jüngsten Roman »Der letzte Freund« in einer besonderen Variante zum Thema gemacht. Ali und Mohamed kennen sich seit der Schulzeit in Tanger, verbringen ihre Jugend zusammen, reißen Mädchen auf, reden über Sex und überwinden ihre pubertären Gewohnheiten erst nach dem Abitur. Mohamed studiert Medizin, Ali wird Lehrer. Beide diskutieren in Studentenkreisen über Politik und kritisieren die repressiven Methoden des marokkanischen Staatsapparates, ohne sich aktiv zu engagieren. Dennoch werden sie eines Tages verhaftet und verbringen neunzehn Monate gemeinsam in einem militärischen Umerziehungslager, in dem sie gefoltert, gedemütigt und einer systematischen Gehirnwäsche unterzogen werden. Unter den erbärmlichen hygienischen und Ernährungsbedingungen wird jeder von ihnen einmal so schwer krank, dass sie sich gegenseitig das Leben retten. Der prägende Einfluss der grausam-heroischen Militärzeit wird später von beiden als entscheidend für die Tiefe ihrer Freundschaft eingeschätzt.

Beide heiraten, sind beruflich erfolgreich und halten trotz oft langer Trennungen in entfernten Ländern und der dauerhaften Eifersucht ihrer beider Frauen unverbrüchlich an der Freundschaft fest. Doch dann passiert etwas, was psychologisch zunächst nur schwer begreifbar ist. Mohamed, inzwischen Lungenfacharzt und süchtiger Raucher, erkrankt an einem Lungenkrebs. Er, der in den dreißig Jahren ihrer Freundschaft mit Ali alles geteilt und von ihm alles bekommen hat, beschließt, seinen Freund nicht über die Krankheit und seinen nahenden Tod zu informieren, weil er fürchtet, dieser könne die Tatsache nicht verarbeiten und unter der Wahrheit zusammenbrechen. Um ihn davor zu bewahren, zettelt er einen ungerechten Streit an, mit dem er die Aufkündigung der Freundschaft rechtfertigt. Ali ist wie vom Blitz getroffen. Er durchschaut das Spiel nicht und fühlt sich von Mohamed in grausamer und unverständlicher Weise verraten, ohne die Gründe zu kennen.

Das paradoxe Verhalten von Mohamed erschließt sich erst aus seiner eigenen Reaktion auf die Krankheit und das Sterben. Er schiebt die Schonung von Ali nur vor, um seine eigene Angst zu verleugnen und das Geheimnis in sich abzukapseln. Dafür nimmt er den Verrat der Freundschaft in Kauf. In dieser tragischen Verwicklung geht es nicht um den Verrat durch die Preisgabe eines Geheimnisses des Freundes, sondern umgekehrt um die Bewahrung eines eigenen Geheimnisses, durch die die Freundschaft zerstört wird.

Mit dieser Umkehrung der alltäglichen Erfahrung bereichert Jelloun die Freundschaftsthematik um einen Gesichtspunkt, der bei aller Tendenz zur Idealisierung von Freundschaften verloren geht. Es gibt eine Macht des Geheimnisses, die durch keine Freundschaft zu brechen ist, an der sie vielmehr selbst zerbricht.

Eine letzte, hier zu diskutierende Variante des Verrats besteht in der Aufkündigung eines gemeinsamen Ideals. Ideale nehmen in der Wertehierarchie des Individuums eine übergeordnete Stellung ein, weil sie eine Reihe von Werten in ihrer Unbedingtheit vertreten – Freiheit, Gerechtigkeit, Solidarität, Wahrheit, Toleranz, Zivilcourage u.v.a. Ideale gründen auf Ideen, deren Bedeutung als so wichtig und deren Durchsetzung als so notwendig erscheint, dass sie zu einem Ideal erhoben werden. So verfügt jede Wissenschaft, jede politische Richtung, alle Strömungen in der Kunst, im Handwerk oder in der Philosophie über eine eigene Ideengeschichte, aus der sich Kultur erschafft. Jeder einzelne nimmt an diesem Kulturprozess teil, er entwickelt ein kulturelles Über-Ich und wird zum Ideenträger der verinnerlichten Ideale.

Freundschaften sind im Unterschied zu Familienbeziehungen als geistige oder aktiv handelnde Gruppierungen zu verstehen, in denen gemeinsame Ideale oft das entscheidende Ferment ihrer Zusammengehörigkeit bilden. Äußerlich kommt dieser Einfluss des Ideals dadurch zustande, dass die Verwirklichung der ihm zugrunde liegenden Ideen enge Verbündete braucht, um sie gegen Widerstände jeder Art besser durchsetzen zu können. Innerlich stiftet das Ideal ein Freundschafts-Ich, das sich in der Umsetzung oder Verteidigung des Ideals nicht alleine weiß. Die gemeinsame Begeisterung, das Engagement und der Kampf für eine Idee schweißt zwei Ichs zu einem zusammen.

Der Verrat eines Ideals durch einen Freund ist daher in zweifacher Hinsicht traumatisch. Zum einen wird er als persönlicher Verrat erlebt, weil man plötzlich mit allem, woran man geglaubt, auf das man gehofft und für das man sich eingesetzt hat, alleine dasteht und sich verlassen fühlt. Zum anderen bricht das Freundschafts-Ich zusammen, das zu einem Teil des eigenen Selbst geworden ist. Dadurch wird das Ich geschwächt, es verliert an Kraft und droht der Mutlosigkeit und Resignation zu verfallen.

Die menschliche Geschichte ist voll von Beispielen, in denen eng verschworene Freundschaftsbündnisse auseinanderbrachen, weil die sie tragenden Ideale von einem oder mehreren Freunden verraten wurden. Statt hier historische Überlieferungen oder literarische Darstellungen zu zitieren, berichte ich von einer persönlichen Erfahrung, nicht nur, weil sie mich noch heute bedrückt, sondern weil sie für eine ganze Generation prägend wurde. Gemeint ist der politische Verrat in großen Teilen der 68er Bewegung.

Ihr damaliger Aufbruch erfasste nicht nur Studenten, wie häufig kolportiert wird, sondern eine breite Bevölkerungsschicht, die schon berufstätig war, und deren Vorkriegs- und Kriegskindheit vom Faschismus gezeichnet wurde. Umso enthusiastischer griff besonders diese Schicht die Ideen der Studenten auf und versuchte, was weit schwieriger war, als nur theoretisch zu debattieren, sie in ihrer Berufspraxis umzusetzen -in Universitäten, Schulen, Kindergärten, Heimen, Lehrlingsbetrieben, Jugendbehörden und nicht zuletzt in der eigenen Familie. Der aufrechte Gang konnte damals erst mit Freunden gelernt werden. Frieden und Gerechtigkeit in der

Welt, Solidarität mit den Unterdrückten, Gleichberechtigung der Frauen, eine neue ökologische Ethik, antiautoritäre Erziehung und die Befreiung aus dem Zwang familiärer Verkrustungen und sexueller Tabus hießen die ausgreifenden Ideen, die uns zur politischen Arbeit antrieben.

Ich hatte damals eine Reihe politischer Freunde. Der beste war Georg. Als Vertreter der Assistenzärzte legten wir uns in den Fachbereichssitzungen mit den Professoren an, stritten für Mitbestimmung, mehr Demokratie und eine Universitätsreform; unser wissenschaftliches Interesse wandte sich gesellschaftskritischen Themen zu, und abends segelten wir in seiner kleinen Jolle über den Wannsee, grillten am Ufer Gemüse und Fleisch und diskutierten über ein Arbeitspapier für die nächste Assistentenversammlung.

Eines Tages wurde Georg schweigsam. Er hatte sich als Oberarzt bei einem Klinikchef beworben, der für seinen autoritären Führungsstil und sein ausschließliches Interesse an biologischen Fragestellungen in der Psychiatrie bekannt war. Georg zog sich aus allen politischen Aktivitäten zurück und forschte seitdem über Psychopharmaka. Ich arbeitete in einer anderen Abteilung, wir sahen uns nur noch selten. Auch als ich aus politischen Gründen in berufliche Schwierigkeiten geriet, erhob er nicht öffentlich seine Stimme, sondern wandte sich noch entschiedener von mir ab. Wir wussten, dass unsere Freundschaft zerbrochen war, ohne dass wir ein einziges Mal darüber gesprochen haben.

Der Neid

Wie schon an früherer Stelle beschrieben, ging die Kinderanalytikerin Melanie Klein bei der Erforschung des Neides von ihrer Theorie der »guten« und der »bösen« Brust aus.[35] Der Neid entstehe aus dem Gefühl des Säuglings, die Mutter versage ihm die Brust und behalte sie für sich. Deswegen projiziere er seine durch die Frustration entstandene Aggression auf diese »böse« Brust und wolle sie zerstören. »Im tiefsten Sinne heißt das, ihre schöpferische Fähigkeit zu zerstören.«[36]

So spekulativ die These klingt, so akzeptiert ist heute die Auffassung, dass der Neid frühen oralen Bedürfnissen entspringt, Bedürfnissen nach Haben- und Besitzenwollen, die eine außerordentliche Destruktivität entfalten können, falls sie nicht befriedigt werden. Deswegen gilt der Neid im kollektiven Bewusstsein als stark verpönt, und wird vom Subjekt nach Möglichkeit verdrängt. Menschen, die ihren Neid im Laufe der Triebentwicklung nicht integrieren konnten, leiden meistens an starken Insuffiziensgefühlen und mangelndem Selbstvertrauen und sind unfähig, Dankbarkeit zu erleben. Wer aber nicht dankbar sein kann für das, was er selbst an materiellen und immateriellen Gütern und Werten besitzt, und was er von anderen an Geschenken, Hilfestellung, Fürsorge und Liebe bekommt, fühlt sich ständig zu kurz gekommen, leer gelassen und von Unzufriedenheit geplagt.

Verena Kast macht jedoch zu Recht darauf aufmerksam, dass es nicht nur den destruktiven Neid gibt, sondern auch eine weit verbreitete milde Form, die besonders in Freundschaften zum Antrieb werden kann, den persönlichen Reichtum mehr zu würdigen und die eigenen Wünsche und Fähigkeiten stärker zu entwickeln. Der milde Neid sporne zum Nacheifern an. Der Gedanke erscheint mir sehr hilfreich, weil er deutlich macht, wie Freundschaften diese große Chance bereithalten, aus der Kindheit stammende und dort nicht verarbeitete Neidimpulse in einem neuen Licht zu sehen und angemessener mit ihnen umzugehen.

Der Neid auf die Mutterbrust, die nach Melanie Klein gleichzeitig ein Symbol der Liebe ist, mag am Anfang stehen. Bewusst erlebbar und anschaulich tritt er aber erst unter Geschwistern auf. In ihrer oralen Unersättlichkeit wollen

Kleinkinder alles haben, was ihre Geschwister bekommen oder besitzen, Eis, Schokolade, Spielzeug, Kleider – Liebe. Der Kampf um Besitz gehört zu den ersten Dramen in der Geschwisterbeziehung. Zahlreiche Faktoren, die in den Geschwistern selbst oder, wie meistens, in ungerechten Eltern-Kind-Verhältnissen begründet sind, können den Neid destruktiv verfestigen und zu einer Vergiftung aller späteren Beziehungen beitragen.

Bei solchen Entwicklungen bieten Freundschaften oftmals die letzte Möglichkeit, die Fixierung an frühkindliche Erfahrungen zu lösen. Die Erkenntnis, die Freundin oder der Freund sind nicht die eigenen Geschwister, sondern eigenständige erwachsene Personen, auf die man unbewusst frühe Neidgefühle nur überträgt, kann deren zerstörerische Wirkung abschwächen und in eine milde Form umwandeln. Wenn sich dabei das Bewusstsein einstellt, von dem anderen neidlos akzeptiert und wertgeschätzt zu sein, lässt sich die eigene Missgunst schrittweise abbauen. Dann muss man dem Freund nicht mehr missgönnen, was man selbst vielleicht entbehrt, aber durch andere Vorzüge ausgleichen kann.

Das sind die günstigen Verläufe, die auch Krisen in Freundschaften überstehen, und durch die man selbst an Reife und Erwachsensein gewinnt. Der destruktive Neid dagegen wird Freundschaften zum Verhängnis, weil er weder vor den großen noch vor den kleinen Vorteilen halt macht, die der andere real oder auch nur in der Projektion besitzt.

In der Analyse von Frau B. war der Neid noch nicht zum Thema geworden. Sie litt unter Migräne und Magenbeschwerden, deren seelische Ursachen mir bisher unklar blieben. Nach einer, wie sie sagte, »sehr glücklichen Kindheit« hatte sie studiert und anschließend geheiratet. Ihre Ehe schien recht harmonisch, ihr Mann kümmerte sich viel um die beiden Kinder, so dass Frau B. genügend Kapazitäten für eine auch beruflich erfolgreiche Entwicklung freistanden. Da die Familie zudem ein kleines Haus mit Garten besaß und finanziell unabhängig war, gab es zunächst keinen ersichtlichen Grund für ihre psychosomatischen Symptome.

Eines Tages kam sie völlig niedergeschlagen in die Stunde und erzählte, eine der ihr wichtigsten Freundinnen habe sich gestern endgültig von ihr getrennt, weil sie ihren Neid nicht mehr ertragen konnte.

»Neid worauf?«, fragte ich überrascht.

»Ich weiß es auch nicht. Neid ist mir ein völlig fremdes Gefühl.«

»Aber Ihre Freundin wird Ihnen doch irgendeine Erklärung gegeben haben.«

»Ich würde ständig spitze Bemerkungen über sie machen, über ihren Freund, ihr Aussehen, ihre Kleidung, ihre Arbeit, ihre Wohnung – einfach über alles. Und dann hat sie etwas gesagt, was mich merkwürdig berührt hat, ich weiß auch nicht, warum: »Selbst über mein Lächeln kannst Du Dich aufregen.«

Der Augenblick der Erkenntnis. Die Höhepunkte einer Analyse. Plötzlich fiel mir ein, dass Frau B. des öfteren das »wunderbare Lächeln« ihrer jüngeren Schwester Doris erwähnt hatte, ein Lächeln, mit dem sie andere Menschen verzaubern könne, ein stilles, in sich ruhendes Lächeln, selbstgewiss und gütig zugleich. Vielleicht liebe sie deswegen ihre Schwester so sehr. Bei solchen Schilderungen war mir zwar gelegentlich die starke Idealisierungstendenz aufgefallen. Aber der Abgrund an Neid, den sie durch die Idealisierung abwehrte, war mir bis dahin entgangen.

»Vielleicht können Sie mir das Lächeln Ihrer Freundin mal beschreiben«, bat ich sie.

»Eigentlich hat sie ein sehr schönes Lächeln, es ist warm und unterstreicht die Harmonie ihres Gesichtes. Aber manchmal denke ich, sie setzt es bewusst ein und weiß genau, wie sie andere einwickelt, wenn sie so lieblich lächelt. Es kann schon sein, dass ich manchmal eine bissige Bemerkung darüber gemacht habe.«

»Erinnert Sie das Lächeln an irgendjemanden?«

Frau B. schwieg lange, bis sie fast tonlos sagte: »Doris! Ich habe nie daran gedacht, aber es stimmt, Doris konnte genau so lächeln.«

Dies war der Anfang einer langen Bearbeitung der Neidproblematik von Frau B., die vom Lächeln ihrer Schwester ihren Ausgang nahm, das Lächeln als scheinbar unbedeutendes Symptom für einen allumfassenden Neidkomplex, der bis zur Geburt der Schwester zurückreichte und bis heute nicht verarbeitet war.

Das Fatale des Neides liegt darin, dass wir ihn selbst meist nicht erkennen, er sich im Fleisch des Freundes aber mit kleinen Widerhaken festsetzt, die sein Gefühl der Freundschaft stetig verletzen. Der Neid versteckt sich hinter den leisen Formen der Ironie, der Herabsetzung, der Entwertung und Schadenfreude und hinter den groben Formen der Beleidigung, der Verleumdung und des Verrats. Der Verrat kann neben den im letzten Kapitel beschriebenen Gründen auch durch uneingestandenen Neid verursacht sein.

Ob es die Schönheit der Freundin, ihr Geschmack, ihr Charme, ihre glückliche Ehe, ihre Kinder oder ihr beruflicher Erfolg sind, ob einen die Beliebtheit des Freundes bei anderen, seine Sportlichkeit, sein handwerkliches Geschick, seine künstlerische oder intellektuelle Produktivität oder auch nur sein schwerer Mercedes provozieren – nichts ist vor dem Neid sicher, alles muss, wenn schon nicht zerstört, so doch abgewertet, lächerlich gemacht oder ins Gegenteil verkehrt werden, wenn man es schon selbst nicht besitzen kann. Dabei würde echte Freundschaft darauf beruhen, sich am Glück des anderen zu erfreuen und an seinem Leben interessiert teilzunehmen. Das betrifft nicht nur seine persönlichen Vorzüge, sondern in gleichem Maß die Partner und Kinder. Wenn sie keinen angemessenen Raum in der Freundschaft finden, indem man auch an ihrem Schicksal durch geteilte Freude und geteilte Sorge Anteil nimmt, entsteht eine kränkende Lücke im Freundschaftsgefühl. Besonders in heutiger Zeit, in der sich immer weniger Frauen für eigene Kinder entscheiden, werden diese in Frauenfreundschaften häufig zum Auslöser für heftigen Neid, wenn eine der Freundinnen kinderlos bleibt und in ihrer Ambivalenz verharrt, während die andere den Schritt in die Mutterschaft gewagt hat.

Die Tragik der neidischen Freundin oder des neidischen Freundes liegt in ihrer Unfähigkeit zu dieser Anteilnahme am Leben des anderen. Sie können kein Gespür für ihr Desinteresse und ihre untergründige Kritik entwickeln; im Gegenteil, wie das Beispiel von Frau B. deutlich macht, sind sie ahnungslos für die subtilen Formen und die Folgen ihrer unterschwelligen Aggression, weil sie sich selbst schwach und unsicher fühlen. Dabei sind es, wie früher in der Familie, gerade die ihnen besonders nahe stehenden und wertvollen Menschen, also die Freunde, die den Neid auf sich ziehen. Das Paradox erklärt sich aus dem tiefen Bedürfnis nach Liebe, das sich hinter allem Besitzen- und Habenwollen verbirgt. Deswegen zeichnen sich neidische Freunde durch Selbstbezogenheit statt durch Bezogenheit auf den anderen aus. Ihre Ansprüche und Riesenerwartungen an Zuwendung, Hilfeleistung und Bestätigung übersteigen die Möglichkeiten des noch so bereitwilligen Freundes, der sich auf Dauer ausgebeutet und missbraucht fühlt. Durch die Überforderung soll unbewusst etwas erzwungen werden, woran man insgeheim selbst nicht glaubt, dass man nämlich von den Freunden, die man am meisten liebt, wiedergeliebt wird. Bei Freunden, bei denen die Bevorzugung des einen nicht nur der Einbildung entstammt, sondern der Realität entspricht, handelt es sich um ungleiche Freundschaften, die besonders durch die Komplikationen des Neides in der Regel nur eine begrenzte Zeit bestehen.

Ohne einen gerechten Ausgleich lässt sich das Gefühl der Benachteiligung und Wertlosigkeit langfristig nicht ertragen. Die Umwandlung des destruktiven in den milden Neid gelingt in Freundschaften nur, wenn die Ressourcen der einzelnen, so unterschiedlich sie sein mögen, in etwa gleich verteilt sind.

Die Konkurrenz

Das menschliche Prinzip der Konkurrenz spielt in alle Freundschaften hinein, sowohl mit seinen hellen wie mit seinen dunklen Seiten. Ich greife das wichtige Thema erst an dieser Stelle auf, weil ich mich in einem früheren Kapitel nicht auf den positiven Aspekt beschränken und dadurch den psychologischen Zusammenhang auseinander reißen wollte.

Das Wort Konkurrenz macht wegen seiner Unschärfe und seiner häufigen Gleichsetzung mit Rivalität zunächst eine Begriffsklärung notwendig. Das aus dem Lateinischen abgeleitete Wort (con-currere = zusammenlaufen) meint einerseits den friedlichen Wettstreit mit anderen. Der Wettläufer heißt Cursor, das Wettrennen cursus. Auf der anderen Seite steht seine negative Bedeutung im Sinne eines »feindlichen Zusammenstoßens« und entspricht damit am ehesten dem Begriff der Rivalität. Dieser wird im allgemeinen Sprachgebrauch zwar auch gelegentlich in der unscharfen Doppelbedeutung benutzt; wegen seiner semantischen Reichweite sollte man ihn jedoch nur im Sinne der feindlichen Form der Konkurrenz verwenden, weil er wie diese die ganze Anstrengung, Schärfe, Entschlossenheit und Aggression ausdrückt, mit denen der Sieg über den Rivalen angestrebt wird.

Das Doppelgesicht der Konkurrenz lässt sich klarer erkennen, wenn man psychologisch zwischen einer konstruktiven oder produktiven Konkurrenz und einer destruktiven Konkurrenz unterscheidet. Produktive Konkurrenz gehört zu den menschlichen Verhaltensweisen, die unser Leben von Kindertagen an durchziehen. Geschwister konkurrieren nicht nur um die Liebe ihrer Eltern, sondern spornen sich durch ständigen Vergleich, Nachahmung und Identifizierung gegenseitig an, Schüler werden im Wettstreit mit Klassenkameraden herausgefordert, ihre Leistungen zu optimieren. Das Prinzip setzt sich später in den meisten menschlichen Beziehungen und in allen Bereichen der Gesellschaft fort und ist dort wesentlich an ihrem kulturellen Reichtum, ihrer politischen Vielfalt und dem ökonomischen Wachstum mitbeteiligt. Von den Schattenseiten, dem destruktiven Missbrauch des Konkurrenzprinzips in nahezu allen gesellschaftlichen Institutionen soll hier nicht weiter die Rede sein.

Freundschaften sind soziale Gebilde, zu denen konstruktive Konkurrenz ebenso gehört wie alle früher genannten positiven Eigenschaften und Funktionen. Sie erfasst präziser die Kategorie der wechselseitigen Förderung als der im letzten Kapitel beschriebene, von Kast vorgeschlagene Begriff des »milden Neides«.

Der Gewinn aus einer produktiven Konkurrenz für das körperliche und geistige Wachstum und für die soziale Reifung finden wir bereits in Kinderfreundschaften. Forciert tritt das Prinzip im Jugendalter in Kraft. Um Wiederholungen zu vermeiden, sei hier nur an die krisenhaften Auseinandersetzungen mit dem eigenen Körper-Selbst in dieser Phase erinnert. Alle gemeinsamen Rituale von Jugendlichen, den Körper zu erkunden, seine Möglichkeiten und Grenzen abzutasten und das Körper-Selbst zu stabilisieren, stehen auch unter den Zeichen spielerischer Konkurrenz, die zu neuen Entwicklungen herausfordert und einen Zuwachs an Sicherheit, Selbstbewusstsein und psychosexueller Identität mit sich bringt.

Naturgemäß hat in dieser Zeit der stürmischen körperlichen Veränderungen eine der Freundinnen oder einer der Freunde einen kleineren oder größeren Vorsprung, der zum

Anreiz wird, gleichzuziehen oder zur Überholung anzusetzen. So wird Konkurrenz zum lustvollen Wechselspiel heranwachsender Kräfte beim Prozess der Selbstfindung, das nicht anstrengend oder aggressiv, sondern neidlos und bewundernd ausgetragen und mit viel Spaß erlebt wird. Damit ist, im Unterschied zur destruktiven Konkurrenz, ein entscheidendes Merkmal der produktiven Konkurrenz benannt – sie muss Spaß machen.

Mit dem Übergang von der Pubertät zur Adoleszens gewinnen bei beiden Geschlechtern andere Konkurrenzthemen an Bedeutung – Berufs- und Lebensperspektive, Partnerschaft und Familienplanung, kulturelle und politische Fragen, philosophische und moralisch-ethische Probleme. In allen diesen Bereichen werden in dieser Zeit der Verselbständigung von der Familie und des Hereinwachsens in die Gesellschaft Freundinnen und Freunde ernsthafter als bisher vor den harten Vergleich gestellt, wer von ihnen die neuen Lebensaufgaben besser bewältigt, wer die größeren Ressourcen an Bindungsfähigkeit, praktischem Geschick, Intelligenz, Ehrgeiz, Zielstrebigkeit und sozialen Kompetenzen besitzt. In dieser Situation wächst der Konkurrenzdruck an. Aber im Unterschied zum Erwachsenenalter scheint bei Freundschaften in der Adoleszens die konstruktive Konkurrenz weniger in Destruktion umzuschlagen. In diesem Lebensabschnitt gehen die meisten Freundschaften auseinander, weil die verschiedenen Interessen und Begabungen jetzt deutlicher hervortreten, und die biographischen Lebensentwürfe andere Richtungen einschlagen. Die Verschiedenartigkeit der Freunde ist zu offensichtlich geworden, als dass sie noch weiter miteinander konkurrieren müssten. Dabei lösen sich die Freundschaften meistens langsam und undramatisch auf. Gerade dieses stille Auseinandergehen macht es möglich, dass Freundschaften zwischen Pubertät und Adoleszens als großer Schatz in unserer Erinnerung zurückbleiben, weil wir die Freunde als gute Objekte verinnerlichen konnten, und sie ihre lebendigen Spuren über diese Zeit hinaus ohne Bitterkeit und Schmerz in uns hinterlassen haben.

Im Erwachsenenalter würzt konstruktive Konkurrenz jede Freundschaft wie Salz und Pfeffer jedes schmackhafte Gericht. Aus dem lustvollen Spiel formt sich der Wille, dem Vorbild des Freundes zu folgen und die eigenen brachliegenden Fähigkeiten mehr zu nutzen, statt in Passivität und Bequemlichkeit zu verharren. Dabei ist die produktive Angst leitend, die Freundschaft zu gefährden, wenn man zu weit zurückfällt, zu früh aufgibt und plötzlich im Schatten des anderen steht. Erst aus der konstruktiven Konkurrenz erwachsen neue Ideen und Pläne für bisher nicht gewagte Unternehmungen. Im gemeinsamen Phantasieren entfalten Freunde ein Feuerwerk, bei dem sie sich inspirieren, anstecken und mit Elan gegenseitig hochschaukeln. Originelle Einfalle, sprühende Witze, wechselseitiges Anfrotzeln und liebevolles Verspötteln schaffen eine ausgelassene Atmosphäre, in der die Konkurrenz zum Übungsfeld einer experimentellen Gedankenwelt wird, in der sich Entdeckungen, Selbsterkenntnisse und Erfahrungen einstellen, die man ohne die Freundin oder den Freund nie machen würde. Hinzukommt das Moment der »konkurrierenden Identifikation«, wie man diesen Vorgang bezeichnen könnte, bei dem das Fremde, die Potenz des anderen, zu etwas Eigenem wird, sowie der äußere Freund zu einem inneren, dessen Fähigkeiten man sich aneignet und an denen man wächst.

Ein berühmtes Beispiel dieser Art produktiver Konkurrenz bildet die Freundschaft zwischen Sigmund Freud und Wilhelm Fließ, die weit über die Psychoanalyse hinaus bekannt geworden ist, weil sie den Entwurf eines breiten Theoriengebäudes entscheidend befruchtet hat.[37] Beide lernten sich 1887 kennen, als der in Berlin ansässige, neunundzwanzig-jährige Biologe und in freier Praxis niedergelassene Hals-Nasen-Ohren-Arzt Fließ Vorlesungen des einunddreißigjährigen Freud über Neuropathologie in Wien besuchte. Aus der Begegnung wurde ein siebzehnjähriger Kontakt, von denen sieben Jahre (1893 bis 1900) in intensiver Freundschaft und mit regem Briefwechsel verliefen. In dieser Zeit schrieb Freud 284 Briefe nach Berlin, die erhalten sind, während er die Briefe, die Fließ ihm geschrieben hatte, in späteren Jahren vernichtete.

Fließ war ein hoch begabter, beruflich erfolgreicher und naturwissenschaftlich gebildeter Mann, von dem sich Freud stark angezogen fühlte, weil er selbst über geringe praktische Erfahrungen in der Medizin verfügte und zu der Zeit auf der Suche nach möglichen biologischen Ursachen der Neurosen war. Fließ entwickelte einige, heute abenteuerliche Theorien über den Zusammenhang von Nase und weiblichen Genitalien, war überzeugt von einer nasalen Reflexneurose als Variante der Neurasthenie und hielt zeitlebens an der Auffassung fest, dass alle Lebensäußerungen, also auch alle psychischen Störungen, nach einem naturgesetzlichen Periodenschema abliefen. Dabei profitierte er von Freunds Ansichten über die Bedeutung der Sexualität bei der Neurosenentstehung, während dieser den Freund wegen seiner klinischen Kenntnisse bewunderte und seine »genialisch« kühnen Ideen idealisierte.

Am Beginn ihrer engen Freundschaft 1893, in deren Verlauf der sonst eher unterkühlte Freud in seinen Briefen Fließ mit »Liebster Freund«, »Teurer Wilhelm« oder »Geliebter Freund« anspricht, entwarfen die beiden ein groß angelegtes gemeinsames Forschungsprojekt zum Thema Neurasthenie/Angstneurose. Auch wenn es nie zur Durchführung kam, entwickelte sich aus dem Plan in den Folgejahren ein intensiver wissenschaftlicher Austausch, bei dem Freud und Fließ begeistert miteinander um die Begründung einer übergreifenden Sexualtheorie konkurrierten. Dabei ergänzten sich ihre Interessen in idealer Weise. Fließ vertrat die organische, Freud die psychologische Seite des Problems. Sie redigierten und kritisierten wohlwollend die Texte und Gedanken des anderen, und Freud regte Fließ zu Publikationen an, für deren Veröffentlichung er teilweise selbst sorgte.

Die Phase der produktiven Konkurrenz ging zu Ende, als Freud sich im Rahmen seiner Selbstanalyse immer besessener und verzweifelter in seelische Abgründe stürzte und sich den Geheimnissen des Unbewussten stellte. Das Ergebnis dieses Kampfes war das revolutionäre Werk »Die Traumdeutung« von 1900, das den Beginn der Psychoanalyse markiert. In diesen Jahren (miss-)brauchte er seinen Freund, indem er ihm die intimsten Dinge anvertraute, seine Träume mitteilte und ihn um ärztlichen Rat und Hilfe bat, als er unter häufigen Krankheitssymptomen litt. Er selbst nahm kaum noch persönlichen Anteil an Fließ Leben und sein Interesse an dessen biologischen Forschungen ließ deutlich nach. Er benutzte seinen Freund als Mediator, als »mein Publikum«, wie er oft schrieb, als die Bühne, auf der er sich selbst inszenierte.

Da der Freund in Berlin war, sie sich nur selten trafen und hauptsächlich über Briefe kommunizierten, wurde Fließ immer weniger zu einer realen Person, sondern zu einem idealisierten Projektionsschirm, der alles auffangen und widerspiegeln musste, was Freud ihm zumutete und an ihn delegierte. Die konstruktive Konkurrenz und schöpferische Zwei-Einheit der Freunde geriet in ein zunehmendes Ungleichgewicht und zerbrach an der destruktiven Konkurrenz, in die ihre wissenschaftliche Kontroverse umgeschlagen war. Bei ihrer letzten historischen Begegnung am Achensee 1900 lehnt Freud die Forderung von Fließ ab, seine biologische Theorie über die periodischen Zyklen der Neurose anzuerkennen, woraufhin dieser Freud mit der Bemerkung vor den Kopf stößt, seine Vorstellung von den Seelenvorgängen beruhe lediglich auf der Projektion seiner persönlichen Innenwelt.

Ich habe das Beispiel Freud-Fließ gewählt, weil es mir exemplarisch für zahlreiche ähnlich verlaufende Freundschaften speziell unter Männern, immer häufiger auch unter Frauen, zu sein scheint. In ihnen schließen sich Freunde zusammen, die von der gleichen Begeisterung für eine Idee durchdrungen sind, und deren Interessen in der gemeinsamen Arbeit zusammenfließen. Wissenschaftliche Fragen, politische Richtungen, Glaubenssysteme oder künstlerische Überzeugungen bilden als quasi Dritte den gemeinsamen Nenner, um den die Freunde kreisen, und der ihre libidinöse Bindung stiftet. In produktiver Konkurrenz treiben sie ihr Werk voran, stacheln sich gegenseitig an, erreichen ein gemeinsames Ziel, erleiden Erfolge und Niederlagen zusammen. Aber es sind meistens Freundschaften auf Zeit, weil dieses Dreieck aus zwei Personen und einer vermittelnden Sache ein hoch sensibles, sich ständig bewegendes und veränderndes System darstellt.

Entweder der gemeinsame Gedanke trägt nicht mehr, weil seine Grundlagen entfallen sind, oder Konzepte und Meinungen divergieren mit fortschreitender Entwicklung des Projektes, oder einer der Freunde erhebt die ursprüngliche Idee zu einer absoluten Ideologie. Es gibt viele Gründe für erste auftretende Dissonanzen, die in Rivalität um Prioritäten, Erstlingsrechte, Plagiate, den richtigen oder falschen Weg oder die allein gültige Wahrheit übergehen und schließlich im offenen Machtkampf enden. So werden aus Freunden Feinde, ein Schicksal, das die menschliche Geschichte von Beginn an begleitet. Besonders ehemalige Freunde müssen oftmals erbittert bekämpft werden, weil die Erbitterung, die Enttäuschung und der Schmerz über den Verlust der überhöht erlebten, rauschhaft idealisierten Freundschaft zu tief reichen. »Mein liebster Feind« betitelte der Regisseur Werner Herzog treffsicher seinen Dokumentarfilm über seine Freundschaft und die später bis aufs Blut quälende Beziehung zu dem Schauspieler Klaus Kinsky.

Im Umschlag von der konstruktiven zur destruktiven Konkurrenz tritt die Dialektik von Freundschaft und Feindschaft am klarsten zu Tage. Sie steht in engem Zusammenhang mit einer anthropologischen Theorie, die der Philosoph Thomas Hobbes (1588–1679) in seinem staatsphilosophischen Werk »Leviathan« entwickelte, wonach sich die Notwendigkeit der Freundschaft aus der primären Natur der Feindschaft unter Menschen erklärt. Hobbes lehnt sich mit seinem berühmten Zitat »Homo homini lupus est« an den römischen Dichter Plautus an. »Der Mensch ist dem Menschen ein Wolf«. Diese Auffassung des Menschen als eines dem Menschen feindlichen Wesens, das aus den Grundkräften von Selbsterhaltung und Lustgewinn nach absoluter Macht strebt, ist später auch in das Gedankengut der Psychoanalyse und Tiefenpsychologie eingegangen. Daraus erklärt sich am schlüssigsten, warum in diesen psychologischen Schulen Freundschaft als ursprünglich menschliches Bindungsbedürfnis kaum auftaucht. Der Gegen-Satz – »Homo homini amicus est« – die Tatsache, dass der Mensch dem Menschen auch ein Freund ist, wurde bisher von keiner humanistischen Ethik nach meinem Wissen in dieser Form ausdrücklich formuliert.

Der Tatbestand der Konkurrenz zwischen Menschen lässt aber beide Beweisführungen zu: Ihr konstruktives Prinzip ist nicht nur ein unentbehrlicher Bestandteil der Freundschaft, es stellt Freundschaft auch erst her. Das destruktive Potential der Konkurrenz zerstört dagegen Freundschaften und verwandelt sie in Feindschaft. Zwischen diesen unausweichlichen Antinomien bewegen sich die meisten Freundschaften. Das macht ihre große Verletzlichkeit aus.

Die Eifersucht

»Du bist eifersüchtig!« »Nein, bin ich nicht!« »Natürlich bist Du eifersüchtig!« »Warum sollte ich eifersüchtig sein?«

Wer kennt nicht solche Dialoge? Keiner möchte gerne eifersüchtig sein, oder als eifersüchtig erscheinen. Im ersten Fall wird er durch das Gefühl der Eifersucht gepeinigt und leidet zusätzlich unter der eigenen Selbstunsicherheit, die er dahinter spürt. Im zweiten Fall möchte er nicht, dass der andere diese Schwäche durchschaut, weil man sich ihrer schämt.

Bei einem eingebildeten, gefürchteten, drohenden oder gar realen Verlust eines geliebten Menschen, der einen anderen bevorzugt, ist wohl keiner vor eifersüchtigen Gefühlen geschützt. Eifersucht ist ein normaler Affekt wie Freude, Zärtlichkeit, Kummer und Sorge. Auch bei einem ausgeprägten Selbstbewusstsein lässt niemand das Thema Verlassenwerden gleichgültig, es sei denn, er wehrt es durch gespielte Überlegenheit ab und verleugnet es. Freud beschrieb die normale Eifersucht als einen zusammengesetzten Affekt. Neben der Trauer und dem Schmerz über das verlorengeglaubte Liebesobjekt steht die narzisstische Kränkung, nicht der allein und ausschließlich Geliebte zu sein. Außerdem mischen sich in den Affekt feindselige Gefühle gegen den Rivalen und Selbstbeschuldigungen, die das eigene Ich für den Liebesverlust verantwortlich machen. In pathologischen Formen verwandele sich die Selbstkritik in Selbsthass, der nach außen auf den Gegner projiziert wird.[38]

Weil die Eifersucht zu den besonders kränkenden Gefühlen gehört, wird sie im Alltag häufig in zwei Formen als Waffe eingesetzt. Man kann den Partner oder die Partnerin, meist aus Hilflosigkeit und Verzweiflung, mit ständiger Eifersucht quälen und verfolgen, und in extremen, leider nicht seltenen Fällen, die Beziehung damit vollständig zerrütten. Mit solchem Verhalten wird die Grenze zur pathologischen Eifersucht überschritten, deren letzte Konsequenz der Ausbruch eines manifesten Eifersuchtswahns bildet. Die zweite Kampfform besteht in dem sadistischen Spiel, dem anderen seine angebliche Eifersucht vorzuhalten, oder sich darüber zu empören, wenn er keine Eifersuchtsreaktionen zeigt. Dann wird man versuchen, ihn durch aufreizendes Flirten mit Dritten zur Eifersucht zu provozieren. Solche Spiele entbehren von außen betrachtet nicht einer gewissen Komik. Für die Betroffenen sind sie meist bitterer Ernst und deuten auf tiefer liegende Spannungen in der Beziehung hin.

Diese allgemeine Charakteristik der Eifersucht erscheint mir zum Verständnis des Affektes in Freundschaften nicht unwesentlich, weil er dort die gleiche demoralisierende und letztlich zerstörerische Wirkung auslösen kann wie in Paarbeziehungen. Auch für Freundschaften trifft die volkstümliche Definition des Affektes zu, die seine emotionalen Folgen ironisch bricht: »Eifersucht ist jene Leidenschaft, die mit Eifer sucht, was Leiden schafft.«

Im Unterschied zum Verrat, zum Neid und zur Konkurrenz, bei denen es in der Regel um einen Zweipersonenkonflikt geht, entsteht die Eifersucht in einem Dreieck. Verena Kast hat anhand der Ergebnisse von Fragebögen und Interviews mit Frauen die häufigsten Konstellationen beschrieben, in denen Freundinnen mit dem Thema Eifersucht konfrontiert werden. Stichwortartig und durch eigene Beobachtungen ergänzt, lassen sie sich in folgenden Punkten zusammenfassen:

1. Eine Freundin ist eifersüchtig auf die andere, weil diese einen Mann kennen lernt und ihr Interesse an der Freundschaft nachlässt.
2. Eine Freundin ist eifersüchtig, weil zwischen ihrem Partner und der Freundin eine herzliche Beziehung entsteht, die böse Ahnungen bei ihr wachruft.
3. Ein Partner ist eifersüchtig auf die Freundin seiner Frau, weil er sich durch deren Freundschaft ausgegrenzt fühlt.

4. Aus dem gleichen Grund kann eine Partnerin eifersüchtig auf den Freund ihres Mannes sein.
5. Eine Freundin ist auf die andere eifersüchtig, weil beide sich für den gleichen Mann interessieren, der eine von ihnen favorisiert.
6. Eine Freundin ist auf andere Freundinnen oder neu geschlossenen Freundschaften der Freundin eifersüchtig.
7. Eine Frau ist eifersüchtig auf den Partner ihrer Freundin, weil dieser der Freundschaft im Wege steht.
8. Aus dem gleichen Grund kann ein Mann eifersüchtig auf die Partnerin seines Freundes sein.

Bei allen diesen Konstellationen gehen zwei Motive für die Eifersucht Hand in Hand: der befürchtete oder real drohende Verlust eines nahen Menschen und die eigene Selbstunsicherheit. Das erste Motiv ist regelmäßig mit schweren Trennungsängsten verbunden, die wegen ihrer elementaren Bedeutung für das seelische Gleichgewicht im folgenden Kapitel ausführlicher thematisiert werden sollen. Das zweite Motiv, die eigene Selbstunsicherheit, wird in Freundschaften zu einer zermürbenden Belastung, weil die oder der Eifersüchtige ständig darüber nachgrübelt und von Zweifeln geplagt wird, für den anderen nicht mehr liebenswert genug zu sein. Wenn man in den Griff der Eifersucht geraten ist, befürchtet man und verdächtigt die Freundin oder den Freund, dass diese mit dem Dritten schlecht über einen reden, einen bloßstellen und lächerlich machen, oder in anderer Weise eine gemeinsame Koalition bilden, aus der man ausgeschlossen ist. Hinter all diesen quälenden Gedanken und Phantasien lauert die innere Gewissheit, die Liebe des anderen tatsächlich nicht zu verdienen, weil das Grundgefühl fehlt, sich selbst lieben zu können.

Aus solchen Selbstentwertungen folgt tragischerweise im Sinne einer self-fullfilling prophecy häufig genau das, was man befürchtet hat. Denn durch die Selbstabwertung wird die Gleichwertigkeit in der Freundschaft aufgehoben und mindert im Erleben der Freundin oder des Freundes deren Bedeutung.

In Hinblick auf die zitierten Konstellationen, in denen sich der Affekt der Eifersucht einstellen kann, betont Kast einen anderen Aspekt, der sich aus dem Geschlechterverhältnis ergibt. Bei ihrer Untersuchung fand sie heraus und bedauert, »dass wir in einer Gesellschaft leben, in der die Männer immer noch wichtiger sind als die Frauen und diese Bedeutung ihnen von den Frauen auch immer noch zugesprochen wird, indem sie ihnen diese Dominanz auch zugestehen, weil es halt allemal auch als attraktiver gilt, Freundin eines Mannes als Freundin einer Frau zu sein.«[39]

Sie stützt diese Aussage auf die verbreitete Erfahrung, dass viele Frauenfreundschaften auseinander gehen oder sich stark verdünnen, wenn eine der Freundinnen sich verliebt, eine feste Partnerschaft eingeht oder gar heiratet und Kinder bekommt. Dies erscheint mir jedoch keineswegs zwangsläufig, und viele moderne Frauenfreundschaften sprechen eine andere Sprache. Nicht zufällig wurde das Roadmovie von Ridley Scott »Thelma & Louise« besonders für Frauen zu einem Kultfilm. In ihm brechen zwei Freundinnen zu einem verlängerten Weekend auf, um sich von ihren Männern zu erholen, die eifersüchtig lamentierend das Duo telefonisch verfolgen und auf seine Rückkehr drängen. Aber der neue Duft der Freiheit versetzt beide in einen Rausch, aus dem es keine Wiederkehr gibt. Diese Verheißung ist für viele Freundschaften unter Frauen zum Programm geworden.

Dennoch dürfte auch heute noch zutreffen, dass sich bei Frauen häufiger als bei Männern die Eifersucht einmischt, wenn es zu einer Konkurrenz zwischen einer Liebes- und einer Freundschaftsbeziehung kommt. In der Liebe und Sexualität bekommen und erleben Menschen etwas anderes als in der Freundschaft, ohne dass sich daraus eine Gewichtung oder Wertung ableiten ließe. Beide sind gegenseitig nicht austauschbar und ersetzbar, beide gehören zu einem vollen Leben. Deswegen ist auch nicht einsichtig, warum Partnerschaft und Freundschaft nicht glücklich miteinander koexistieren könnten – wenn da nicht die Eifersucht immer wieder ihre Hände mit im Spiel hätte.

Aus diesem Blickwinkel richtet sich die Eifersucht nicht nur gegen die Freundin oder ihren Partner, oder gegen den Freund und seine Partnerin, die man verlieren könnte, oder für die man nicht mehr liebenswert genug ist; in einem umfassenden Sinne richtet sie sich auf alles, was die anderen entweder in der Liebe oder in der Freundschaft an Lebensqualität und menschlichem Reichtum dazu gewinnen, woran man keinen Anteil hat. Derjenige, der sich auf ein Nebengleis abgestellt und ausgeschlossen fühlt, erlebt und idealisiert den Kosmos der anderen und leidet unter der Insuffizienz, nicht selbst alles geben zu können, was diese für ihr Erfülltsein und ihre Zufriedenheit brauchen. Bei solcher Selbstüberforderung steigt die Eifersucht aus ihren dunklen Tiefen, die ihren Ursprung oftmals in frühkindlichen Erfahrungen mit den Eltern oder Geschwistern haben, in deren Kreis man sich auch nicht aufgenommen fühlte, wenn man nicht alle Erwartungen erfüllen konnte. Dass sich damals wie heute bei solchen Erfahrungen in jede Eifersucht eine Portion Neid mischt, ist psychologisch leicht einsehbar.

Die nachhaltige Wirkung der Eifersucht konnte ich unlängst in meiner näheren Umgebung beobachten. Martina war drei Jahre mit Stefan liiert, bevor dieser sich nach anhaltenden Zerwürfnissen von ihr trennte. In der gemeinsamen Zeit hatte er sich mit einigen Freunden Martinas angefreundet, verzichtete aber aus Gründen der Loyalität nach der Trennung auf einen weiteren Kontakt zu ihnen, um Martina nicht zu verletzen. Mehr zufällig ergab es sich, dass Stefan nach einigen Jahren ein befreundetes Paar und einen Freund von Martina wieder sah. Da sofort die alte Herzlichkeit zwischen ihnen bestand, trafen sie sich in der folgenden Zeit in größeren Abständen und zu besonderen Anlässen wieder. Als Martina davon erfuhr, so wird berichtet, überfluteten sie heftige Eifersuchtsanfälle. Sie beschimpfte, beleidigte und verfluchte ihre Freunde, spann listige Intrigen, um zu erfahren, wann und wie oft sie sich mit Stefan getroffen hatten und schnitt nach kurzer Zeit wie mit einem scharfen Messer die langjährigen und guten Freundschaften aus ihrem Leben.

Warum diese Radikalität? Nicht nur für Familien und Partnerschaften sondern auch für Freundschaften gilt das beschriebene, wechselseitig verpflichtende Loyalitätsprinzip, jenes verinnerlichte Gefühl für Anständigkeit, Redlichkeit, Verlässlichkeit und Zueinanderstehens. Der Verrat dieses Prinzips, so sahen wir, führt zu seelischen Verletzungen, die scheinbar irrationale Gefühlsausbrüche zur Folge haben. Am Beispiel von Martina und Stefan lässt sich seine Reichweite und Gültigkeit ermessen, aber auch eine der wichtigen affektiven Wurzeln, die den Verrat des Prinzips emotional so dramatisch aufladen – die Eifersucht. Nicht jeder Verrat ist mit Eifersucht gekoppelt, aber jede Eifersucht enthält das Element des realen oder geargwöhnten Verrats. Das haben Stefan und die Freunde von Martina übersehen, sonst hätten sie trotz der langen Zwischenzeit auf den erneuten Kontakt verzichtet, um Martina nicht zu der verzweifelt eifersüchtigen Trennung von ihren alten Freunden zu veranlassen. Auch wenn ihre Reaktion übermäßig anmutet und auf ein geringes Selbstwertgefühl hinweist, dürfte sie symptomatisch für die explosive Mischung von Eifersucht und Verrat sein.

Das Beispiel legt eine verallgemeinernde Überlegung nahe. In einer gesellschaftlichen Situation, in der die Beliebigkeit von Partnerschaften zunimmt und es zu vielfältigen Überschneidungen von Partnerschaft und Freundschaft kommt, zur Bildung von Reigen nach den Regeln des Kinderspiels »Bäumchen, Bäumchen wechsle dich!«, werden der Eifersucht Tür und Tor geöffnet. Hier tut sich ein sozialpsychologisches Problemfeld auf, das wissenschaftlich bisher kaum angedacht ist. Das Phänomen der Eifersucht wäre auch stärker ins öffentliche Bewusstsein zu rücken. Denn die veränderten Familien- und Partnerschaftssysteme und die neue Freundschaftskultur erfordern wegen ihrer engen Bezogenheit breitere Kenntnisse über das Phänomen, um seinen schlimmsten Folgen besser vorbeugen zu können.

Auch wenn Frauen von dieser Thematik nachhaltiger betroffen zu sein scheinen als Männer, weil diese sich in emotionalen Konfliktsituationen in der Regel durch verschiedene Abwehrformen besser abgrenzen können und trotz Partnerschaft eher an ihren Freundschaften festhalten, sind sie nicht unbeteiligt. Hartnäckiger als Frauen konservieren sie traditionelle Rollenvorstellungen und verteidigen überholte Besitzansprüche an die Partnerin, wodurch diese viel leichter in eine Zwickmühle gerät. Deswegen sind beide, Männer wie Frauen, zu emanzipatorischen Schritten herausgefordert, um das quälende Leiden an der Eifersucht zu mildern.

Die Eifersucht treibt aber nicht nur im Raum zwischen Freundschaft und Partnerschaft ihr Unwesen, wenn dort auch am häufigsten. Neben der Partnerschaft haben Freundinnen und Freunde meistens noch weitere Bindungen an andere Menschen, mit denen sie in wechselseitiger Zuneigung und Loyalität verbunden sind, und die ihrerseits Ansprüche an die Beziehung stellen. An jedem Punkt dieser sozio-emotionalen Netzwerke kann es zu Interessenkonflikten und Spannungen kommen, die die Eifersucht auf den Plan rufen. Eltern, Geschwister, Kinder oder andere Verwandtschaftspersonen, zu denen die Freunde eine herzliche Beziehung unterhalten und denen sie sich in verschiedener Form verpflichtet fühlen, können die Eifersucht besonders dann schüren, wenn für einen aus dem Freundschaftspaar dieser ergänzende und stützende Personenkreis sehr klein ist oder ganz entfällt. Freunde, die nur noch einen geringen oder keinen Kontakt mehr zu Eltern und Geschwistern haben, die nicht über das Glück von Geschwistern oder eigenen Kindern verfügen, oder die zudem noch unter einer Partnerlosigkeit leiden, bilden im Zeitalter der Klein- und Kleinstfamilie und der Single-Gesellschaft keine Ausnahmen.

Wie breite therapeutische und Alltagserfahrungen zeigen, sind deswegen viele von ihnen in der Gefahr, eine Sucht nach Freundschaft zu entwickeln oder sich in symbiotische Freundschaften zu verstricken, in denen zwei ihrer Grundregeln, ihre Freiwilligkeit und ihre Freiheit verloren gehen. In diesen Konstellationen sind völlig unrealistische Erwartungen an Verfügbarkeit und Ausschließlichkeit die Folge. Die unvermeidbaren Enttäuschungen brechen dann Lawinen der Eifersucht los, unter denen die Freundschaft für immer begraben wird. In dem Versuch, die narzisstische Leere durch Freunde auszufüllen, werden dann immer wieder enthusiastische Anläufe zu neuen Freundschaften unternommen, ohne zu begreifen, warum auch diese so oft und so schnell zu Ende gehen. Eifersüchtige Menschen verleugnen oftmals ihre emotionale Bedürftigkeit, verwandeln die Freundschaft in einen Belagerungszustand und belegen in extremen Fällen alles mit ihrer Eifersucht, was die Freundin oder der Freund an sonstigen sozialen Verbindungen hat. So wird der gute Kontakt zu einem Vorgesetzten oder ein anregender Bekanntenkreis zum weiteren Beweis, selbst nicht begehrenswert und attraktiv genug zu sein. Diese Bedrohung soll durch den Wunsch nach Verschmelzung abgewehrt werden.

Der »goldene Käfig« ist nicht nur eine Metapher für vereinnahmende Eltern-Kind Beziehungen und Partnerschaften; auch Freundschaften können einem Gefängnis gleichen, aus dem oft nur ein gewaltsamer Ausbruch befreit.

Trennung und Tod

Während eines längeren Therapieabschnitts kommt Herr T. immer wieder auf einen Freund zu sprechen, den er bei einem Schulwechsel mit siebzehn Jahren in der neuen Klasse kennen lernte. Nach seinen Schilderungen war Walter ein verknöcherter, altmodischer Kauz mit langem Lodenmantel, Schirm, Hut und Brille, dem er aber intellektuell nicht das Wasser reichen konnte. Walter mochte durch die sportliche Vitalität und die für sein Alter beachtlichen sexuellen Erfahrungen von Herrn T. angezogen sein. Das ungleiche Gespann näherte sich mit der Zeit vorsichtig an, indem Walter sein großväterliches Gebaren aufgab, altersgemäße Kleidung trug und seine erste Freundin fand, während Herr T. in die Umweltgruppe eintrat, in der Walter seit langem aktiv war, und alle Kunstbücher verschlang, die ihm dieser aus seiner umfangreichen Sammlung auslieh.

Nach dem Abitur wählten beide das gleiche Studienfach. Nächtelang diskutierten sie auf ihren Studentenbuden über juristische Fachfragen, Kunst, Politik und die intimen Freuden und Leiden der Liebe, gingen auf lange Wanderungen, besuchten gemeinsam Ausstellungen, kochten abwechselnd und schrieben sich fast täglich, wenn sie während der Semesterferien getrennt waren. Sie waren füreinander die besten Freunde geworden. Bald nach dem Studium heirateten beide, wurden die Patenonkel ihrer Kinder und waren beruflich in vergleichbarer Weise erfolgreich. Nichts schien die Freundschaft zu trüben.

»Walter war ein Geschenk des Himmels für mich; ohne ihn wäre ich nie geworden, was ich heute bin«, sagte Herr T. in einer Stunde, in der er wieder von den vergangenen Jahren ihrer Freundschaft schwärmte. »Er wird immer ein Teil von mir bleiben.«

»Obwohl wir bis heute nicht wissen, warum diese wichtige Beziehung auseinander ging.«

»Ja, das ist traurig, und es nicht zu wissen, schmerzt mich zusätzlich. Aber mein langes Leiden unter dem Verlust und meine Dankbarkeit für diese Freundschaft sind zwei verschiedene Dinge.«

»Zum Glück«, sagte ich, »es wäre noch schlimmer für Sie gewesen, wenn Sie das Geschenk nachträglich entwertet hätten.«

Herr T. stimmte zu. Lange hatte er in der Therapie versucht, die Gründe für die Trennung zu klären, da es für ihn selbst keinen Anlass dazu gab. Nachdem er aus beruflichen Gründen in eine andere Stadt gezogen war, besuchten sich die Freunde noch einige Jahre regelmäßig, verreisten gemeinsam und hielten an ihrem Briefwechsel fest. Dann kühlte die Freundschaft unmerklich ab. Herr T. sprach Walter darauf an, beteuerte in Briefen, wie wichtig ihm ihre Verbundenheit sei. Walter wich aus, wurde immer schweigsamer, die Besuche und Briefe ließen nach, bis sie sich eines Tages ganz aus den Augen verloren hatten.

In der Behandlung stellte sich heraus, dass Walter in den gut zwanzig Jahren ihrer Freundschaft kaum in der Lage war, Streit und Kritik zu ertragen, sich über unterschiedliche Meinungen auseinanderzusetzen und Konflikte auszutragen, Merkmale, die normalerweise zu jeder Freundschaft gehören und zu ihrem Wachstum beitragen. Das war das einzige, was Herr T. all die Jahre vermisst hatte; aber er sah seinem Freund diese Schwäche nach. Sie konnte auch nicht der Grund für die schleichende Entfremdung sein. Wir hatten alle möglichen Ursachen vergeblich durchforstet, Fragen der Konkurrenz, der Eifersucht, des Neides, der einseitigen Abhängigkeit, der falschen Idealisierung, das Auseinanderdriften von Biographien. Nichts schien für die beiden zuzutreffen. Da es für das Verhalten von Walter jedoch Gründe geben musste, war Herr T. nach der Durcharbeitung dieses Themas sichtlich erleichtert, als er akzeptieren konnte, dass man Erklärungen für die Trennung einer Freundschaft nicht erzwingen kann, sondern dem Freund sein Geheimnis belassen muss, wenn er nicht bereit oder unfähig ist, es zu lüften. Herr T. erwartete auch keine Entschuldigung mehr, weil Walter während der Freundschaft keinen Verrat geübt oder sich in anderer Form schuldig gemacht hatte. Seinen scheinbar grundlosen Abschied konnte er nun annehmen wie manche Schicksalswendungen, die letztlich unerklärbar und geheimnisvoll bleiben. Durch diese Toleranz gewann er mehr Abstand und konnte sich gezielter der Frage zuwenden, warum ihn persönlich der Verlust von Walter so dauerhaft und intensiv schmerzte.

In einer der nächsten Stunden erzählte er folgenden Traum: »Ich gehe durch die Stadt. Plötzlich taucht Walter auf. Er ist viel jünger, trägt wieder den grünen Lodenmantel aus der Schülerzeit und balanciert ein farbiges Tablett auf dem Kopf. Strahlend kommt er auf mich zu und überreicht es mir. Auf dem Tablett liegt eine Tabakpfeife neben einem Glas Akazienhonig, einer Büchse Jasmintee und einem wertvoll gebundenen Kunstband von Anselm Kiefer. »Das schenk' ich Dir«, sagt er fröhlich. »Schön, dass Du wieder da bist, ich habe Dich sehr vermisst«, antworte ich. Ich höre noch, wie er leise sagt: »Es tut mir leid!« Dann ist er in der Menge verschwunden.«

»Ein sehr versöhnlicher Traum.«

» So habe ich ihn auch erlebt«, erwidert Herr T., »ein bunter Teller voll schöner Dinge, die in unserer Freundschaft eine reale Rolle gespielt haben, aber, das wird mir erst jetzt beim Erzählen klar, sie bedeuten viel mehr, sie symbolisieren den Reichtum unserer Beziehung.«

»Und das eines Tages zu vermissen, tut natürlich sehr weh.«

»Unser persönlicher und geistiger Austausch, unsere beruflichen Interessen, die vielen gemeinsamen Erlebnisse und das Zusammenhalten durch Dick und Dünn waren für mich immer wie seltene Fundstücke, die ich sorgsam aufbewahrte. Und wenn sie einem weggenommen werden, weint man wie ein Kind, dem man sein liebstes Spielzeug entwendet hat. Es ist wie ein Teil von einem selbst, der einem entrissen wird. Ja, das tut weh!«

Herr T. war sehr bewegt. Er beschrieb hier sehr genau, was Trennung im Tiefsten bedeutet – den Verlust des verinnerlichten Freundes, der zu einem Teil des eigenen Selbst, des Freundschafts-Selbst, geworden war.

Der Freund als haltende, stützende, tröstende und Sicherheit vermittelnde Objektrepräsentanz. Wenn er verloren geht, wird das Gesamt-Selbst auseinander gerissen und ein Teil von ihm ist für immer verschwunden. Die Zerstörung der inneren Ganzheit und die Lücke, die im Selbstgefühl durch sie entsteht, hinterlassen Wunden. Sie verursachen den bekannten Schmerz, der mit jeder Trennung von einer geliebten Person verbunden ist.[40]

Herr T. hatte lange unter dem Verlust von Walter gelitten. Er fühlte sich innerlich ärmer ohne den Freund, dachte oft an ihn, grübelte, plagte sich mit Selbstzweifeln und trauerte ihm nach. Aber er verfügte über die Fähigkeit zur Dankbarkeit. Da das innere Freundschaftsbild durch keine dramatischen Konflikte oder unverzeihliches Fehlverhalten zerstört worden war, sondern Walter als gutes verinnerlichtes Objekt für Herrn T. erhalten blieb, konnte er im Rahmen der Therapie auch seinen Trennungsschmerz verarbeiten, Walter innerlich loslassen und sich mit seinem Verlust versöhnen.

Den Freund gehen lassen zu können, ihn freizugeben, ohne Groll, ohne Ressentiment, wenn er die Freundschaft aus erkennbaren oder auch aus unbekannten Gründen nicht fortsetzen kann oder möchte, bedeutet immer einen schweren Abschied, auch wenn die Achtung vor der Freiheit des anderen dies erfordert. Ohne eine ausreichende, in frühen Jahren erlernte Trennungstoleranz werden immer schmerzliche Spuren zurückbleiben. Nicht jeder hat wie Herr T. die Chance, sie im Rahmen einer Therapie zu heilen.

In der Freundschaftsforschung existieren zwei auffallend blinde Flecken. Einer wurde bereits benannt, die Tatsache nämlich, dass in ihr die psychologischen Ursachen für das Scheitern von Freundschaften kaum Beachtung finden. Der zweite schließt daran an: Auch die Trennung selbst als schmerzhafter Einschnitt und dauerhaft belastendes Lebensereignis bleibt in ihr völlig ausgeblendet. Auffallend, weil es zum festen Bestand unseres psychologischen Wissens gehört, wie schwerwiegend die seelischen Folgen bei unfreiwilligen Trennungen von nahen Angehörigen, besonders der Mutter, des Vaters und der Geschwister, oder von einem Partner sein können. Die Literatur über die Auswirkungen eines Partnerverlustes durch Scheidungen und Trennungen füllt inzwischen ganze Bibliotheken. Die äußeren und inneren Dramen, die sich dabei abspielen, die seelischen Zusammenbrüche und Katastrophen, die Verzweiflung und Einsamkeit, Depressionen bis zur Suizidalität und psychosomatische Erkrankungen werden darin bis ins einzelne beschrieben. Trennungen mit derart gravierenden Reaktionen haben einen traumatischen Charakter. Als Trauma bezeichnet man die Überflutung und Überforderung des Organismus mit Stressreizen, die sein psychophysisches Gleichgewicht aus der Balance bringen und zu seelischen und somatischen Erkrankungen führen.

Warum sollen Freunde davon ausgenommen sein? Neben der Verwandtschaft und Partnerschaften stellen sie unsere wichtigsten Sozialbeziehungen dar und übertreffen im Erwachsenenalter erstere nicht selten an Intensität, Verbundenheit und Vertrauen. Warum sollte deswegen die Trennung solch enger Bindungen weniger schmerzhaft erlebt werden und nicht ähnlich traumatische Folgen haben können?

Für Freundschaften in Kindheit und Jugend, so sahen wir an früherer Stelle, folgen Trennungen den natürlichen Entwicklungsgesetzen dieser Altersphasen. So wichtig Freunde für die eigene Sozialisierung und Identitätsbildung in dieser

Zeit sind, und so weh ihr Verlust tut, so wenig folgenreich wirkt sich dieser für die weitere psychische Reife aus. Dafür gibt es zwei Gründe. Zum einen existiert unter normalen Bedingungen noch weit über die Pubertät hinaus das Schutz und Orientierung bietende Elternhaus, wodurch das Angewiesensein auf Freunde seinen zwingenden Charakter verliert. Zum anderen ist in jungen Jahren die Libido, die psychische Energie, mit der ein Objekt besetzt wird, noch leicht verschieblich. Dieser Vorteil ergänzt sich in idealer Weise mit den starken Individuationsbedürfnissen, die zu ihrer Weiterentwicklung und zum Erreichen einer neuen Lebensstufe den Anreiz förderlicher Objekte benötigen, auf die die freigewordene Libido übertragen werden kann. Das erklärt den häufigen und vergleichsweise undramatischen Wechsel von Freunden in diesen Zeitabschnitten. Ein positiver Nebeneffekt dieses Wechsels besteht darin, dass er in die lebenslange Aufgabe einübt, Trennungs- und Verlustängste ertragen zu lernen, und das Subjekt mit der notwendigen Trennungstoleranz auszustatten. Auch in diesem Sinne sind Freundschaften in Kindheit und Jugend bedeutungsvoll. Mit ihrem psychisch unbeschadeten Ende ist auch eine ihrer wichtigen Funktionen erfüllt, ein gutes inneres Freundschaftsbild zu stiften und dadurch die Freundschaftsfähigkeit für die Zukunft zu stärken.

Die Flexibilität, mit der die Libido in jungen Jahren von einem Freund auf den anderen übertragen werden kann, nimmt ab dem jungen Erwachsenenalter und mit zunehmendem Alter ab. Das erklärt das besonders von erwachsenen Männern immer wieder geäußerte Bedauern über die Schwierigkeit, neue und wahre Freunde zu finden. Umso beharrlicher halten sie an Freundschaften fest, die während der Ausbildung, des Studiums oder in den ersten Berufsjahren geschlossen wurden, Zeiten, in denen die Persönlichkeitsprägung weitgehend abgeschlossen ist, und die Freunde unter ähnlichen Voraussetzungen ihre Beziehung aufbauen. Umso nachhaltiger sind aber auch die seelischen Folgen, wenn diese Freundschaften auseinander gehen.

Warum wurde diese Tatsache von der Freundschaftsforschung übergangen? Ein äußerer Grund mag darin liegen, dass dieses Spezialgebiet der Psychologie und Soziologie erst seit wenigen Jahrzehnten entstanden ist, und die Fragestellungen bisher mehr an den Entstehungsbedingungen und Äußerungsformen von Freundschaften orientiert waren als an den Motiven und Verlaufsarten ihres Zerfalls. Ein tieferer Grund, der vor allem für die psychologische Forschung zutreffen dürfte, scheint mir in deren Zentrierung auf eine individualistische und familiäre Perspektive zu liegen. Danach werden Partnerschaften und Familie dem Bereich der Privatheit zugerechnet und sind scheinbar jenseits der Gesellschaft angesiedelt. Freundschaften enthalten zwar auch das Element des Privaten, stellen aber zugleich eindeutiger als Familie und Partnerschaft sozial verortete Gebilde dar. Freunde sind im sozialen Raum beheimatet, in dem sie ihre eigenen Grenzen abstecken, ihre Funktionen von gegenseitiger Unterstützung und Schutz übernehmen und sich gleichzeitig vermittelnd in die soziale Gemeinschaft hinein entwerfen müssen. An dieser gesellschaftlich definierten Bestimmung von Freundschaft orientieren sich die sozialen Utopien einer Großgemeinschaft von Freunden, die im folgenden Kapitel ausführlicher erörtert werden sollen. Spätestens aus diesem erweiterten Blickwinkel wird jedoch deutlich, warum die Gründe für das Scheitern und insbesondere das Thema Trennung so wichtig für ein vollständiges Freundschaftsverständnis sind.

Breite psychotherapeutische und Alltagserfahrungen lassen keinen Zweifel daran, dass der Verlust von guten Freunden mit akuten und lang anhaltenden Leiden verbunden sein kann und darin in wesentlichen Merkmalen der endgültigen Trennung von einem nahen Angehörigen oder einem Partner entspricht. Ein traumatisches Ausmaß kann der Verlust annehmen, wenn er, anders als im Beispiel von Herrn T., durch den zerstörerischen Einfluss von Verrat, Neid, destruktiver Konkurrenz oder Eifersucht zustande kommt. Diese dunkelsten Seiten der Freundschaft überschatten alles, was ihr vorher das unverwechselbare Gepräge von Freiwilligkeit, Respektierung von Freiheit und der Unabhängigkeit von Gesetzen und materiellen Gütern gegeben hat. Aber gerade wegen dieser spezifischen Eigenschaften zerbrechen Freundschaften leichter als Verwandtschafts- und Ehebeziehungen, wenn sie erst einmal in die Strudel dieser Gefühlskräfte geraten sind. Dabei verliert die notwendige Balance zwischen Abhängigkeit und Unabhängigkeit völlig ihr Gleichgewicht, und die Freiheit kehrt sich in Unfreiheit um. Unter diesen Bedingungen löst sich das Freundschaftssystem auf, weil durch sie elementare Regeln seines Funktionierens außer Kraft gesetzt werden. Obwohl Freundschaftssysteme nicht statisch angelegt sind, sondern sich dynamisch an wechselnde Gegebenheiten anpassen müssen und sich stetig verändern, sind ihrer Flexibilität Grenzen gesetzt, die durch grobe und dauerhafte Verletzungen ihrer Regeln gesprengt werden.

Die seelischen Folgen der Trennung sind innerer und äußerer Natur. Innerlich bricht mit dem Verlust der Freundes, wie wir sahen, nicht nur ein Teil des Freundschafts-Selbst weg, wodurch das Gesamt-Selbst an Kraft, Sicherheit und Vertrauen einbüßt; unter dem Einfluss der genannten negativen Gefühlskräfte, die letztlich die Freundschaft zerstören, wird mit dem äußeren auch das innere Bild vom Freund, seine verinnerlichte positive Objektrepräsentanz, beschädigt. Das »gute« Objekt verwandelt sich in ein »böses«. Dadurch entfällt der Freund nicht nur als innerlich stützendes Objekt, sondern verkehrt sich im Gegenteil in ein verfolgendes und entwertendes Objekt. So wird die innere Verarmung durch die Trennung noch dadurch verschlimmert, dass sie einen strafenden Charakter annimmt.

Am überzeugendsten lässt sich diese innere Dynamik an Träumen nachweisen, in denen verloren gegangene Freunde noch nach Jahrzehnten auftreten und durch Moralpredigten, Vorwürfe, Lächerlichmachen und andere groteske Inszenierungen ihr böses Spiel mit dem Träumer treiben. Die innere Instanz, die Freunde in einem errichtet haben, haftet unauslöschlich, egal, ob sie gut oder böse ist.

Äußerlich bringt die Trennung von Freunden auch soziales Leiden mit sich. Die »beste« Freundin zu verlieren oder den »einzigen« Freund entleert den sozialen Raum, der erst durch sie bewohnbar wurde. Ohne sie wird es stiller um einen herum, ungeborgener, einsamer, ungeschützter. Wie soll man sich in einer sozialen Gemeinschaft aufgehoben fühlen und in ihr bestehen, in der einem kein wahrer Freund mehr zur Seite steht? Von wem kann man sich jetzt die Kraft ausleihen, die man in Zeiten eigenen Schwachseins braucht?

Die Freundschaftsforschung hat zwar bisher das Thema Trennung und Verlust noch nicht systematisch untersucht. Aber ihre Ergebnisse stimmen darin überein, dass Freundschaften einen höheren Grad an Gesundheit garantieren, und umgekehrt das Fehlen von Freunden mit einem erhöhten Krankheitsrisiko belastet ist. Dieser Befund macht es sehr wahrscheinlich, dass Trennungserfahrungen in Freundschaften nicht nur seelischen Schmerz, Enttäuschung und Trauer auslösen, sondern das Leiden oftmals ein Ausmaß erreicht, das sich in psychosomatischen Erkrankungen niederschlägt.

Über die Trennung von Freunden lässt sich nicht nachdenken, ohne den letzten großen Abschied mit einzubeziehen – den Tod. Naturgemäß gehört die Erfahrung am häufigsten ins höhere Lebensalter. Aber auch in anderen Lebensphasen kann man mit dem plötzlichen Tod oder dem langsamen Sterben von Freunden konfrontiert sein.

Jeder kennt aus persönlichen Erfahrungen oder aus den Medien die erschütternden Bilder von Jugendlichen, die eine Freundin oder einen Freund durch eine tödliche Krankheit, einen tragischen Unfall oder ein Gewaltverbrechen verloren haben. Die Tränen der Fassungslosigkeit und Trauer drücken neben der Hilflosigkeit und Verzweiflung über den persönlichen Verlust auch das Unfassbare aus, das mit der Erfahrung des plötzlichen Todes oft erstmals in das Lebensgefühl junger Menschen einbricht. Dies gilt besonders für den vielleicht grausamsten Freundschaftsverlust im Jugendalter – den nicht seltenen Selbstmord einer Freundin oder eines Freundes. In jeder Altersstufe stellen Suizide für alle Angehörigen und die nähere Umgebung ein einschneidendes Erlebnis dar, das bei den Hinterbliebenen neben dem Entsetzen und dem Schmerz über den Tod meist schwere Schuld- und Versagensgefühle wachruft. Ein wesentlicher Unterschied zwischen Selbsttötungen im Jugend- und Erwachsenenalter liegt jedoch im Stellenwert der Verantwortung und des freien Willens. Von Erwachsenen erwartet man darin einen höheren Grad an Reife und gesteht ihnen eher die Freiheit der Entscheidung für oder gegen das eigene Leben zu. Im Respekt vor dem erwachsenen Selbstmörder werden die persönlichen Schuldgefühle entlastet und das reale oder vermeintliche Versagen relativiert.

Bei Jugendlichen dagegen, deren Verantwortungsfähigkeit und freier Wille unter dem Einfluss der Krisen von Pubertät und Adoleszens noch stark eingeschränkt ist, wächst der Verantwortungsdruck seines familiären und freundschaftlichen Umfeldes. Reflexhaft wird bei einem Suizid in diesem Alter die Frage gestellt. »Hatte er keine Freunde?« Ihr tieferer Sinn zielt auf die Schutzfunktion der Freundschaft, die in der Phase der Ablösung vom Elternhaus eine vorrangige Bedeutung bekommt. Deswegen sind nach einem solchen Ereignis bei jugendlichen Freunden die Schuldgefühle und peinigenden Fragen nach eigenen Versäumnissen von einer Intensität, die das innere Gleichgewicht schwer »erschüttert«, das oftmals nur mit therapeutischer Hilfe wieder stabilisiert werden kann. Je näher einem der Freund stand, umso mehr muss nach dessen Selbstmord das eigene Selbst um sein Überleben kämpfen.

Die Erfahrungen des Todes von Freunden nehmen mit wachsendem Alter zu. Ein mich immer wieder bewegendes und seit der Kindheit begleitendes Beispiel, wie schwer ein solcher Verlust wiegen kann, hat mein Vater in mir festgeschrieben. Als Corpsstudent war er immer von Corpsbrüdern umgeben und besuchte bis zu seinem Tod regelmäßig ihren Stammtisch. Aber wenn man ihn danach fragte, gab es unter ihnen nur einen einzigen, den er als seinen besten Freund bezeichnete – Herrmann. Er lernte ihn im Studium kennen, und sie waren seitdem unzertrennlich. Am ersten Tag nach Beendigung des Zweiten Weltkrieges geriet Herrmann in Berlin durch ein Missverständnis in die Ausgangssperre und wurde von einem russischen Soldaten erschossen. Mein Vater war damals zweiundvierzig Jahre alt. Herrmann hinterließ eine Frau und vier Kinder, um die sich mein Vater zeitlebens rührend kümmerte. Er war kein Mann großer Gefühle oder solcher, die er gezeigt oder ausgedrückt hätte. Wenn ich heute bedenke, bei welchen Anlässen das doch der Fall war, tauchen als erstes die seltenen Momente auf, in denen er über Herrmann sprach. In ihnen wirkte er ungeschützt und verletzlich, seine Stimme wurde weich, manchmal schien mir, als habe er eine Träne im Auge. »Er war mein einziger Freund«, sagte er, und in diesem Bekenntnis schwang soviel Unaussprechbares, Unbegreifbares, soviel anhaltende Wehmut mit, dass ich diese Momente mit zu den menschlichsten meines Vaters zähle, die sich mir eingeprägt haben.

Wenn man ältere Menschen danach befragt, was sie am meisten belastet, so gehört zu ihren Aufzählungen der Tod von Freunden fast regelmäßig dazu. Durch die sich häufende Erfahrung wird ihr Leben nicht nur äußerlich ärmer, verliert an Farbigkeit und mündet in zunehmende Einsamkeit und soziale Isolation; auch innerlich stirbt mit jedem Freund ein größerer Teil von einem selbst dahin. Der Tod der anderen rückt die eigene Endlichkeit näher. Wenn die alten Freunde einen für immer verlassen, schwindet das Hoffnungspotential, an dessen Neige sich das Leben auf den letzten Abschied vorbereiten muss. Neben der Trauer ist es das letzte Geschenk der scheidenden Freunde, sich versöhnlicher auf das persönliche Sterben einstellen zu können. Die Erinnerung an sie lässt die Bilder wohltuender Zweisamkeit noch einmal aufleuchten, noch einmal wirft sie ihren Glanz auf die Zeiten des gemeinsamen Glücks und des geteilten Kummers und besänftigt im Gefühl der Dankbarkeit die Angst vor dem Tod.

IX. »Seid umschlungen Millionen«
Soziale Utopien der Freundschaft

1. Von Epikur zur alternativen Landkommune

Bis hierher stand die Privatheit der Freundschaftsbeziehung mit ihren Licht- und Schattenseiten im Zentrum. Ausgehend von dem Bild der ägyptischen Frauen am Nildelta in der Einleitung zog sich jedoch als roter Faden die Frage nach dem sozialen Ort und mithin nach der sozialpsychologischen Bedeutung der Freundschaft durch das Buch. Sie soll im vorliegenden Kapitel vertieft werden, weil sie das philosophische und sozialwissenschaftliche Denken über Freundschaft seit seinen Anfängen begleitet und durch die Modernisierungsschübe der Gesellschaft eine brandneue Aktualität bekommen hat.

In unserer abendländischen Kultur feierte die »gute« Freundschaft bereits bei den griechischen und römischen Philosophen und Dichtern ihre erste Hochblüte.[41] Aber bereits in dieser Zeit brach ein Widerspruch auf, den Jacques Derrida so formuliert: »Auf der einen Seite scheint Freundschaft der res publica (Staatsangelegenheit, H. P.) wesentlich fremd und unzugänglich zu sein und könnte daher keine Politik begründen. Aber auf der anderen Seite haben, wie man weiß, von Platon bis Montaigne, von Aristoteles bis Kant, von Cicero bis Hegel die großen philosophischen und kanonischen Diskurse über Freundschaft diese ausdrücklich mit Tugend und Gerechtigkeit, moralischer und politischer Vernunft verbinden wollen«.[42]

Es ist der Widerspruch zwischen »singulärer« Privatheit

und »universalen«, das bedeutet gesellschaftlich verändernden Kräften, der das Freundschaftsideal mit all seinen Tugenden betrifft. Bis in die jüngere Zeit verharrte dieser Antagonismus, wie Derrida meint, im Zustand der »Aporie«, der Unmöglichkeit, in dieser Frage eine gültige Antwort zu finden. Allgemeiner formuliert: Ist Freundschaft ein intimes Verhältnis zwischen zwei Menschen, die in dem sozialen Raum, in dem die Beziehung spielt, ihre eigenen Regeln formulieren, die sich der gesellschaftlichen Ordnung widersetzen, sich im extremen Fall revolutionär gegen sie verhalten und deswegen in der Geschichte nicht selten verfolgt wurden, oder wirkt sie durch ihre demokratischen und moralischen Motive mitgestaltend auf das ethische und politische Wertegefüge der Gesellschaft ein?

Die frühen griechischen Philosophen scheint dieser Konflikt nicht ernsthaft interessiert zu haben. Sie schätzten zwar den Beitrag der Freundschaft für die Demokratie und die Interessen der Polis als hoch ein, stilisierten aber, wie beispielhaft Aristoteles, das Freundschaftsideal zu einer Exklusivität, die nur von den »Guten«, von Menschen mit moralisch hoch stehendem Charakter erreicht werden konnte. Entsprechend selten fanden sich solche »Tugendfreundschaften« und begründeten die häufig zitierte Klage des Sokrates: »Oh, Freunde, es gibt keine Freunde!«. Außerdem gehörte zum griechisch-patriarchalen Freundschaftsverständnis der Ausschluss der Frauen und der freundschaftlichen Beziehung zwischen Frauen und Männern. So war von der Freundschaftskultur in Griechenland bis zur Zeit des Aristoteles trotz ihrer weitreichenden Beeinflussung späterer philosophischer Diskurse im sozialen Alltag nur eine geringe Auswirkung auf die Gesellschaftsstruktur zu erwarten.

Aber nur wenige Generationen später wandelte sich das Bild. Mit Epikur (341–271) tritt im Gefolge von Sokrates (470–399), Platon (427–347) und Aristoteles (um 384–322) in Athen ein Philosoph auf, der mit der Tradition seiner geistigen Väter bricht, indem er deren Ethik von Sittlichkeit und Tugendhaftigkeit um das Recht des Menschen auf ein glückseliges und lustvolles Leben erweitert. Epikur wurde nicht nur zum Theoretiker, sondern auch zum Experimentator und ersten Leitbild einer sozialen Utopie des Freundschaftsprinzips durch dessen konsequente Umsetzung in die Praxis. Zur Veranschaulichung zitiere ich die lebendige Darstellung von Harald Lemke:

»Im Jahre 306 v. Chr. kaufte Epikur ein Haus ›im Grünen‹, um mit einigen Freunden an einem Ort zusammenleben zu können. Er versuchte so, durch Freundschaft eine freie und gleiche, glückliche und selbst bestimmte Form des Zusammenlebens zu verwirklichen. Fortan wurden alle, die zu dieser Lebensgemeinschaft zählten »jene mit dem Garten« genannt. Der epikureische Garten stellte zu der damaligen Zeit eine geradezu revolutionäre Einrichtung dar. Denn während Epikur und seine Freunde mit ihrer ungewöhnlichen Haus- und Lebensgemeinschaft ein ausdrücklich individualistisches und demokratisches Selbstverständnis verfolgten, waren ringsherum Sklavenwirtschaft, Frauenunterdrückung und Männerherrschaft an der Tagesordnung. Ganz im Unterschied zu Platons aristokratischen Empfehlungen hatten Sklaven, Fremde (Metöken) und Frauen genauso freien Zugang zum »Garten« wie männliche Vollbürger. Selbst gesellschaftliche Randgruppen, wie Prostituierte (Hetären), waren völlig gleichberechtigte Mitglieder ... Der Epikureismus begann sich über fünf Jahrhunderte lang fast überall hin auszubreiten. In ganz Griechenland, in Kleinasien, Ägypten und (langsam, etwa um 50 v. Chr.) auch in Italien fand Epikurs Lebenskunst Anhänger.«[43]

Der epikureische Garten steht fortan für eine Utopie, in der die Symbolik der privaten Freundschaft in einer kollektiven Dimension wieder aufscheint, teils sich in konkreter Lebenspraxis erfüllt, ob in den Gemeinden des Urchristentums, im Modell des Urkommunismus, in einer »Gesellschaft aus Freunden«, wie sie Gilles Deleuze und Felix Guattari vorschwebt[44], in der Losung der französischen Revolution »Freiheit, Gleichheit, Brüderlichkeit« oder in der Idee des europäischen Humanismus mit der Postulierung eines vernünftigen und friedlichen Zusammenlebens der Menschen.

Die häufige Gleichsetzung von Brüderlichkeit und Freundschaft, von Bruder und Freund, im Freundschaftsdiskurs entstammt nicht der Übertragung von privat-familiären Beziehungsformen und Gefühlsqualitäten auf Außenstehende, auch wenn diese Wurzel psychologisch nahe liegt und auf persönliche Freundschaften zutrifft; die Gleichsetzung leitet sich vielmehr aus der urchristlichen Tradition ab. In ihr sind alle Menschen gleich und vereinen sich als »Brüder« in der Liebe und Unterwerfung unter Gott, den Vater. Diese Sozialutopie verherrlicht Schiller in der Ode »An die Freude« mit den Versen:

»Alle Menschen werden Brüder,
Wo dein sanfter Flügel weilt.
Seid umschlungen, Millionen!
Diesen Kuss der ganzen Welt!
Brüder – überm Sternenzelt
Muß ein lieber Vater wohnen.«

Die christliche Lehre brach mit dem weltlichen Freundschaftsideal der Antike und lebt heute in zahlreichen katholischen und evangelischen Bruderschaften, Brüdergemeinden, in Klöstern und anderen christlichen Vereinigungen fort. Der von ihnen geforderte Gehorsam gegenüber Gott, dem »allmächtigen Vater«, und ihre patriarchale Organisation unter weitgehendem Ausschluss der Frauen, der »Schwestern«, verhindert die Verbindung mit einer offenen Gesellschaft, die im Geist der Freiheit, Gleichheit und Gerechtigkeit demokratische Formen des Zusammenlebens anstrebt, wie sie den sozialen Freundschaftsutopien zugrunde liegen.

Neben diesen christlichen Bündnissen und ihnen nahe stehenden Gruppierungen, zum Beispiel den Freimaurern, deren Mitglieder sich ebenfalls als »Brüder« verstehen, kennt die europäische Geschichte zahlreiche Versuche sozialer Zusammenschlüsse, die ein Leben in der Gemeinschaft unter dem Ideal der Freundschaft anstreben. Die sozialistische Idee von einer klassenlosen Gesellschaft, die den herrschaftsfreien Gegenentwurf zu den Obrigkeitsstrukturen und dem Jenseitsglauben des Christentums liefern sollte, fand ihren Niederschlag in den »Kollektiven«, in denen »Genossinnen und Genossen« friedlich für eine gerechtere und bessere Welt kämpften und arbeiteten. Bereits in ihren Erziehungseinrichtungen wurde den Kindern das Prinzip »Freundschaft« als oberste Maxime sozialen Handelns vermittelt. Auch wenn die Ideologie und ihre Experimente als gescheitert gelten, so wirken sie ideengeschichtlich fort und haben in der symbolhaften Übertragung des Freundschaftsideals im vergangenen Jahrhundert viele Gemeinschaftsbildungen in den kapitalistischen Gesellschaften befruchtet.

Wohngemeinschaften, Großfamilien, Hausgemeinschaften oder städtische und ländliche, alternativ organisierte Arbeits- und Lebensgemeinschaften begreifen sich als nicht entfremdete, selbst bestimmte und freie »Kollektive« oder »Kommunen«, die als Keimzellen den Gedanken eines freundschaftlichen Miteinanders in die Gesellschaft hineintragen. Das Freundschaftsideal als sozial verbindliche Beziehungsform prägt auch das Selbstverständnis vieler anderer Gruppen der Gesellschaft. In allen Vereinen und Verbänden, in deren sozialem Engagement der humanistische Gedanke tragend ist, im breiten Spektrum der Selbsthilfegruppen, in der der Ökumene verpflichteten Kirchenbewegung, in Menschenrechtsorganisationen, in der Friedens- und Ökologiebewegung, in »Freundeskreisen« und »Förderern« von gemeinnützigen Stiftungen, von Kunst- und Kultureinrichtungen – in all diesen

Gruppen vernetzen sich Menschen, regt sich der Widerstand gegen inhumane Gesellschaftsstrukturen und Lebensbedingungen. Sie tragen zu einem gesellschaftlichen Klima bei, das »freundlich«, das heißt von dem Gedanken geleitet ist, dass nur die Ideale der Freundschaft ein befriedigendes und erfülltes Leben in der Gemeinschaft garantieren. So partikular alle diese Einrichtungen und Gruppen angesiedelt sind, und so selektiv sie ihre Aufgaben erfüllen, so ist ihre Summe doch mehr als ihre Einzelteile, wenn man ihr Potential zu Verbreitung und Vertiefung sozialer Freundschaftsutopien bedenkt.

Aber die tief greifenden Umbrüche des letzten Jahrhunderts haben noch ganz andere Spalten ins Gesellschaftsgefüge gerissen, aus denen Kräfte aufgetaucht sind, die uns einer kollektiven Befriedung des Gemeinwesens durch die Erfindung neuer Freundschaftskulturen näher bringen könnten. Vier der wichtigsten Bewegungen verdienen beim Nachdenken über soziale Freundschaftsutopien eine gesonderte Betrachtung.

2. Freundschaft zwischen den Geschlechtern

Als die amerikanische Psychoanalytikerin Jessica Benjamin 1988 ihre Studie »Die Fesseln der Liebe« mit dem Untertitel »Psychoanalyse, Feminismus und Macht« vorlegte, war eine erste Bresche in die damals verhärteten Fronten im Geschlechterkampf geschlagen. Ihr Buch ist nicht in erster Linie eine Abrechnung mit dem Patriarchat oder mit dem Radikalfeminismus, sondern ein kluges Plädoyer für einen Versöhnungsprozess, der bei allen Erkenntnissen über die Verschiedenheit der Geschlechter die Achtung ihrer Gleichberechtigung und vor allem ihrer Gleichwertigkeit als Menschen zum Ziel hat. Das folgende, hier gekürzte Zitat bildet den Abschluss ihrer Analyse:

»Meine Schlussfolgerung ist bescheiden und utopisch zugleich. Die Erneuerung gegenseitiger Anerkennung ... ist ein notwendiger Bestandteil der dauernden Veränderung von Individuum und Gesellschaft ... Die feministische Bewegung hat, auch wenn manche das Gegenteil glauben, eine neue Möglichkeit der gegenseitigen Anerkennung zwischen Frauen und Männern eröffnet. Sie ermöglicht Männern und Frauen, erstmals mit den Schwierigkeiten der gegenseitigen Anerkennung umzugehen und die schmerzliche Sehnsucht nach dem einzugestehen, was jenseits dieser Schwierigkeiten läge ... Diesen Versuch zu wagen, heißt erkennen, dass das Individuelle und das Soziale miteinander verwoben sind; um zu verstehen, dass wir, wenn wir unsere persönliche Sehnsucht nach Anerkennung ersticken, damit auch unsere Hoffnung auf eine gesellschaftliche Veränderung aufgeben.«[45]

Die »gegenseitige Anerkennung« ist ein zentraler Topos auch jeder Freundschaft. Mit diesem Anliegen, das Benjamin bei der Beschreibung intersubjektiver Beziehungen in vielen Facetten umkreist, formuliert sie eine Utopie der Geschlechterfreundschaft, die den privaten Bereich überschreitet, um sich auch im gesellschaftlichen Raum entfalten zu können. Im gleichen Sinne schreibt die amerikanische Philosophin Marilyn Friedman, ebenfalls mit dem Blick auf die Feminismusdebatte und die Geschlechterbeziehung: »In dieser Hinsicht hat die Freundschaft soziale Sprengkraft, denn aus dem unkonventionellen Leben, zu dessen Kultivierung sie beiträgt, erwachsen einflussreiche Kräfte, die den sozialen Wandel fördern.«[46]

Dass die Emanzipation der Frauen im letzten Jahrhundert den »sozialen Wandel« entscheidend mitgeprägt hat, ist unbestritten. Aber dass die kämpferische Auseinandersetzung, ohne die es den Wandel nicht gegeben hätte, inzwischen einer Besinnung auf eines ihrer vordringlichsten Ziele zu weichen beginnt, Frieden zu schließen und das feindliche in ein freundschaftliches Verhältnis umzugestalten, scheint noch nicht selbstverständlich. Und doch erfordern die »Freisetzungsprozesse« in der modernen Gesellschaft, wie sie die Soziologie bezeichnet, das heißt die Entbindung des Individuums von vormals hierarchischen Strukturen und traditionellen Ordnungen, wie soziale Schichtzugehörigkeit, Berufsstände, Kirchen, Nation, Militär, Arbeit und ganz besonders Familie, eine Neuorientierung an offenen Beziehungsformen. Um den Individualismus unserer Zeit mit seiner Tendenz zur Ausuferung in einen krassen Egoismus und Narzissmus zu begrenzen, und die mit ihnen verbundenen Folgen zunehmender sozialer Isolation und kultureller Desintegration zu bannen, liegt eine zukunftsorientierte Alternative in solchen »unkonventionellen« Bindungen. Unter ihnen ist die Freundschaft neben einer gelungenen Partnerschaft die befriedigendste und kreativste, weil sie vielfältige Bedürfnisse erfüllt, ohne die eigene Autonomie entscheidend einzuschränken, und zum Experimentieren mit unterschiedlichen Lebensmodellen ermutigt. Dadurch wirkt sie außerdem den Entsolidarisierungsprozessen entgegen, die durch die »Freisetzung« fast automatisch in Gang kommen. Am Beispiel der »Single-Gesellschaft« habe ich bereits an früherer Stelle auf diese Entwicklung hingewiesen. Sie betrifft das Thema der Geschlechterfreundschaft unmittelbar.

Wie viel frischer Wind jenseits solcher theoretischen Überlegungen in der Realität in die Diskussion über die Beziehung der Geschlechter gekommen ist, zeigen die konkreten Bemühungen einer Vielzahl gesellschaftlicher Gruppen um eine neue »Geschlechterdemokratie«. Der Begriff wurde erst in den letzten Jahren des vorigen Jahrhunderts von Vertreterinnen und Vertretern aus Politik, Gewerkschaften, Unternehmen, Wissenschaft, Kirchen und Kultur geprägt und durch eine breite öffentliche Diskussion bekannt. Die Ziele dieser Bewegung liegen in strukturellen Veränderungen im familiären, politischen, wirtschaftlichen und kulturellen Raum durch die Solidarisierung von Frauen und Männern, die sich für mehr praktizierte Mitbestimmung, Chancengleichheit, gerechtere Arbeitsteilung in der Familie und auf dem Arbeitsmarkt und eine gleichwertige Anerkennung auf allen Feldern der Gesellschaft einsetzen.

Das gemeinsame Bündnis von Frauen und Männern zur Durchsetzung dieser Werte symbolisiert einen sozialen Freundschaftsbegriff, der sich seines subversiven Charakters bewusst ist. Er beabsichtigt nicht, die gesellschaftliche Ordnung und ihre Institution zu revolutionieren, aber sie mit Entschiedenheit zu einer lebenswürdigen und altruistischen Gemeinschaft zu verwandeln. Es ist nicht der offene Widerstand sozialer Freundschaft, der diesen inzwischen spürbaren Wandel bewirkt, sondern ihre menschliche Kultur, die sich langsam öffentliche Bereiche erschließt und in die Ritzen brüchig gewordener Gesellschaftsstrukturen eindringt.

Ein hoffnungsvolles Beispiel für eine Gruppenbildung von Frauen und Männern im Sinne einer freundschaftlichen Geschlechterbeziehung bildet in kleinem Maßstab und von gemeinsamen Interessen geleitet der »Bundesverband allein erziehender Mütter und Väter e.V.«. Er wurde bereits 1967 gegründet und umfasste 2004 zirka zweihundert Ortsgruppen mit rund zehntausend Mitgliedern im gesamten Bundesgebiet. Obwohl diese Zahl nicht repräsentativ ist für die 2,1 Millionen allein Erziehende in Deutschland (1,7 Mio. Frauen, 372 000 Männer) mit insgesamt 3,16 Millionen Kindern (Stand Nov. 2004), ist der Verband zu einem einflussreichen Sprachrohr dieser wachsenden Bevölkerungsgruppe geworden. In seinem seit 1975 millionenfach aufgelegten Standardratgeber »Allein erziehend« (früher unter den Titeln »Wie schaffe ich es alleine?« und »So schaffe ich es allein«) überwindet der Verband die »defizitäre Betrachtung der Einelternfamilie« und befasst sich als »politische Lobby für allein Erziehende« mit den gesellschaftlich innovativen Seiten dieser Lebensform. Der Verband unterscheidet sich von anderen Gruppierungen, zum Beispiel vom Bundesverband »Väteraufbruch für Kinder e.V.«, der in oft militanter Weise allein für die Rechte der Väter eintritt, dadurch, dass Frauen die Männer mit in ihr Boot für eine konstruktive Zusammenarbeit geholt haben. Damit trägt er entscheidend zur Auflösung der alten Frontenbildung bei und führt das Freundschaftselement als notwendigen Bestandteil des Bündnisses zwischen den Geschlechtern in den Dialog über alternative Familiengestaltungen ein.[47]

An einem speziellen Segment der Gesellschaft lässt sich erkennen, wie weit Liberalität und Toleranz in unserer Demokratie inzwischen fortgeschritten sind und erlauben, neue Freundschaftskonzepte zu erfinden. Gleichgeschlechtliche Freundschaften und Partnerschaften zwischen Frauen oder Männern finden, bei allen noch bestehenden Widerständen und Tabus, heute eine öffentliche Akzeptanz, wie sie vor wenigen Jahrzehnten noch undenkbar schien. Erst durch sie konnte sich seit einiger Zeit eine vielseitige und selbstverständliche Freundschaftskultur in den homosexuell veranlagten Bevölkerungsschichten etablieren. Der französische Philosoph Michel Foucault hat sein Freundschaftskonzept am Beispiel homosexueller Lebensformen entwickelt, denn »die Homosexualität bietet eine historische Gelegenheit, bestehende Möglichkeiten von Beziehungen und Gefühlen wieder zu erschließen, und dies nicht so sehr aufgrund der ›wahren‹ Eigenschaften des Homosexuellen als deswegen, weil dieser gewissermaßen ›schräg‹ liegt und so Diagonalen ins soziale Gewebe einzuzeichnen vermag, die diese Möglichkeiten erscheinen lassen«[48]. Deswegen beschränkt Foucault sein Freundschaftsverständnis auch nicht auf die homosexuelle Existenz, sondern bezieht Freundschaften zwischen den Geschlechtern ausdrücklich mit ein, insofern sie sich dem Zwang starrer und institutionalisierter Beziehungen widersetzen und zu einer veränderten Alltagskultur beitragen.

3. Freundschaft zwischen den Generationen

Wie freundlich ist die heutige Erwachsenengeneration zu ihren Kindern? Wenn man den sozialen Charakter der Freundschaft unterstellt, und ihr Gemeinschaftssinn zum Gelingen jedes Zusammenlebens gehört, schafft die Freundschaft zwischen den Generationen die notwendige Grundlage für den Zusammenhalt und die historische Kontinuität einer Gesellschaft. Was bedeutet die Übertragung des Freundschaftsbegriffs, seine symbolische Vielfalt, auf das Verhältnis der Generationen konkret? Die Beantwortung muss zunächst den Einwand berücksichtigen, der Begriff ließe sich nicht übertragen, weil mindestens drei seiner Wesensmerkmale auf das Verhältnis nicht zutreffen – Freiwilligkeit, Freiheit und Gleichheit in den Beziehungen. Diese Bedingungen sind weder im Eltern-Kind Verhältnis noch in der Generationenabfolge erfüllt.

Aber sollte wegen einer natürlichen Abhängigkeit des Kindes von seinen Eltern und dem weiteren sozialen Umfeld der Freundschaftsbegriff ganz ausscheiden? Sicher nicht! Denn erstens werden aus den Kindern Jugendliche und Heranwachsende, entsteht die nachwachsende Generation, die mit zunehmendem Alter ihre Beziehung zur Elterngeneration auf Freiwilligkeit, Freiheit und Gleichheit gründet. Nur so lässt sich verstehen, warum viele Erwachsene im privaten Leben ihre »Kinder« zu ihren wichtigsten Freunden zählen. Zweitens ist Freundschaft, zumal dann, wenn ihre soziale Dimension angesprochen ist, noch durch andere Werte gekennzeichnet, die im Verhältnis der Generationen unter günstigen Bedingungen vermittelt werden – Anerkennung, Schutz, Fürsorge, Förderung und Interesse.

Auf diesen Werten basiert der ungeschriebene Generationenvertrag, der die Verpflichtung und Verantwortung der Älteren gegenüber den Jüngeren beinhaltet: Anerkennung der Existenz der jungen Generation und ihres Rechtes auf ein menschenwürdiges Leben; ihren Schutz vor Krankheit, seelischem Leiden und Gefahren jeder Art; Fürsorge für ihr körperliches Wohl und ihre psychosoziale Entwicklung zu einer eigenständigen Persönlichkeit; Förderung ihres Begabungspotentials und ihrer lebenspraktischen Fähigkeiten durch Erziehung und Bildung; und schließlich Interesse an allem, was junge Menschen bewegt und was ihre Zukunft sichert.

Muss man es nicht Freundschaft nennen, wenn die ältere Generation solche Versprechen einlöst, und die jüngere das, was sie von ihr bekommen hat, in anderer Form reichlich zurückgibt – Liebe, Dankbarkeit, Bewunderung und Loyalität? Diese soziale Utopie der Generationenfreundschaft beruht also nicht auf Einseitigkeiten, sondern zieht, wie alle anderen Freundschaftsformen auch, ihre produktiven Kräfte aus ihrer Wechselseitigkeit. »Die Überlegenheit eines Freundes auf einem Gebiet, beispielsweise in der Lebenserfahrung, braucht diesem keinen privilegierten Rang innerhalb der Beziehung zu geben, wenn diese durch die Überlegenheit des Anderen auf irgendeinem anderen Gebiet, z. B. der Lebhaftigkeit der Phantasie ausgeglichen wird.«[49] Mit diesem Gedanken beschreibt Friedman noch einen anderen nahe liegenden Aspekt einer vom Alter unabhängigen Freundschaft – die ideale Ergänzung von erwachsener Erfahrung und kindlicher Phantasie.

Auch wenn man ein ganz gegensätzliches Bild entwerfen könnte[50], verdienen die vielen Ansätze Beachtung, die sich um eine Annäherung an die Utopie der Generationenfreundschaft in der Realität bemühen. Ende des letzten Jahrhunderts nahmen weltweit die Initiativen zu, die die Verbesserung der Lebensbedingungen und Zukunftschancen der jungen Generation auf ihre Fahnen schrieben. Auf internationaler Ebene waren zwar schon 1924 in einer »Genfer Deklaration« globale Rechte von Kindern formuliert worden; sie wurden aber erst 1959 als »Deklaration über die Rechte des Kindes« von der UNO angenommen und in die »Allgemeinen Menschenrechte« integriert. Da Deklarationen jedoch nur Absichtserklärungen ohne Rechtsverbindlichkeit sind, war ein neuer Schritt notwendig. Der Durchbruch erfolgte 1990 mit der Verabschiedung der »Konvention über die Rechte des Kindes« durch die UNO, die in 54 Artikeln die Grundrechte von Kindern und Jugendlichen festschreibt und ihre Verwirklichung durch die Vertragsstaaten regelt. Um die Bedeutung der »Konvention« zu unterstreichen, fand in New York im gleichen Jahr der »1. Weltgipfel für Kinder« in der Geschichte statt, auf dem 71 Staatsoberhäupter die »Deklaration zum Überleben, zum Schutz und zur Entwicklung von Kindern« verabschiedeten und mit einem konkreten »Aktionsplan zur Umsetzung der Deklaration in den 90er Jahren« verbanden.[51]

Mit diesen Vertragswerken, so lässt sich deuten, war ein Freundschaftsbündnis zwischen den Generationen geschlossen, wie es historisch noch zu keiner Zeit bestand. Es enthält eine klare Absage an frühere Generationenverhältnisse, bei denen Kinder zu willkürlichen Objekten von Gewalt, sexuellem Missbrauch, Vernachlässigung und Ausbeutung ihrer Arbeitskraft wurden. Ab diesem Zeitpunkt sind Kinder als gleichwertige Subjekte anerkannt, wobei Familie und Gesellschaft eine Einheit bilden, um sich in der Unterstützung kindlicher Belange zu ergänzen.

»Freundschaft mit Kindern«. Unter diesem öffentlich propagierten Leitmotiv stehen die gewaltigen Reformbestrebungen im letzten Jahrzehnt des vorigen Jahrhunderts. Neben den internationalen Verträgen unterzeichnete 1996 der Europarat in Brüssel die »Europäische Charta der Rechte des Kindes«, die in diesem Geist der Freundschaft verfasst ist. Auf nationaler Ebene wurden in Deutschland zwei große Gesetzeswerke grundlegend novelliert, das »Kinder- und Jugendhilfegesetz« (KJHG) in seinen Neufassungen von 1993 und 1994, das eine enge Zusammenarbeit zwischen öffentlicher Jugendhilfe und freien Trägern und die Teilung staatlicher und kommunaler Aufgaben vorsieht, und das »Neue Kindschaftsrecht« von 1998, das mit seinem zentralen Anliegen die rechtliche, soziale und mitmenschliche Gleichstellung ehelicher und nichtehelicher Kinder festlegt.

In diesem Jahrzehnt wuchs auch eine national und international vernetzte Kinderrechtsbewegung heran, die auf »Kindergipfeln«, »Kinderkongressen« und »Kindertreffen« ihre Sorge um einen humanen Umgang zwischen Mensch und Natur artikuliert und ihre Rechte auf Mitbestimmung und Mitbeteiligung innerhalb und außerhalb der Familie bei allen sie betreffenden Fragen einfordert. Sie findet inzwischen Gehör und Unterstützung bei zahlreichen Gesellschaftsgruppen, wie Jugendorganisationen, Umweltverbänden, Kinderschutzvereinen (z.B. »Aktionsbündnis Kinderrechte« des Deutschen Kinderschutzbundes und »terres des hommes«, Deutsches Kinderhilfswerk und UNICEF Deutschland), sowie durch Elterninitiativen und vereinzelt auch durch offizielle politische Institutionen, wie z.B. der »Kinderkommission« des Deutschen Bundestages.

Kinder als Freunde der Erwachsenen. Freundschaft zwischen den Generationen. Wie ernst Kinder heute genommen werden, wie viel Sensibilität und Respekt sie im gesellschaftlichen Raum erfahren, wie viel kommunikativen Umgang mit Erwachsenen sie erleben, zeigen allein die vielen Sprachneuschöpfungen an, die Eingang in die Kinderpolitik und in die öffentliche Diskussion gefunden haben: Kinderanwälte, Kinderbeauftragte, Kinderbüros, Kinderforen, Kindergemeinderäte, Kinderinformationsdienst, Kinderparlament, Kinderpartizipation, Kinderrepubliken, Kinderversammlung, Kinderwahlrecht. Das Vokabular lässt sich verdoppeln, wenn man »Kinder« durch »Jugend« ersetzt. Hinter jedem Begriff steht eine Idee, ein Programm und, bis auf wenige Ausnahmen, eine von vielen tausend Kindern, Jugendlichen und Erwachsenen inzwischen praktizierte Realität.

Der Reichtum der Generationenfreundschaft. Alle diese neuen Begriffe und Praxisfelder künden von einem historischen Wandel im Generationenverhältnis und drücken ein neues Bewusstsein der Bürger aus, wie unverzichtbar die junge Generation für ein freundschaftliches und friedliches Zusammenwirken in der Zivilgesellschaft ist.

Auf einem ganz anderen Blatt steht die aktuelle und zukünftige Auseinandersetzung der Generationen über die Ressourcen von Staat und Wirtschaft an finanziellen Mitteln und Arbeitsmöglichkeiten, wie sie derzeit im Rahmen der Rentendiskussion und der Arbeitsmarktpolitik geführt wird. Die bestehenden Konflikte lassen sich nur konstruktiv austragen, wenn die angestrebten Lösungen im Einklang mit den Grundsätzen der Freundschaft stehen und dabei die mühsam errichtete Basis der Generationenfreundschaft nicht verloren geht.

4. Die Völkerfreundschaft

Die Frage, ob Freundschaft ein exklusives, sich von der Umwelt abgrenzendes, zuweilen auch gegen sie opponierendes Privatbündnis bezeichnet, oder ob sie außerdem eine Beziehungsform darstellt, die verändernd in den sozialen Raum hineinwirkt und somit eine Vermittlerfunktion zwischen den individuellen und gesellschaftlichen Interessenlagen einnimmt, durchzieht, wie wir sahen, von der Antike bis zur Gegenwart den Diskurs über sie. In den beiden vorangehenden Kapiteln habe ich durch einige Überlegungen zur Geschlechter- und Generationenfreundschaft meine Auffassung zu begründen versucht, dass in dieser Unentschiedenheit ein überflüssiger Theorienstreit ausgetragen wird. Die künstliche Alternative abstrahiert von der allgemeinen menschlichen Sehnsucht nach Freundschaft und von dem in jedem Menschen verinnerlichten Freundschaftsideal, dass Freundschaft in privaten Bindungen zu mehr Erfüllung führt, bedeutet keine Absage an den kollektiven Wunsch, an seine partielle Realisierung und an den übergreifenden Traum von einem freundschaftlichen Zusammenleben aller Menschen. Wie auch jede persönliche Freundschaft ihrem Ideal nur in sehr unterschiedlicher Intensität und Qualität nahe kommt, eine Tatsache, die zu immer neuen Kategorien von Freundschaft geführt hat (die »wahre«, die »echte«, die »gute«, die »nützliche«, die »differenzierte«, die »lose«, die »oberflächliche«, oder die »Zweckfreundschaft«), so kann auch ihre Übertragung in die Gesellschaft immer nur eine gradweise Annäherung erreichen.

Das Prinzip Freundschaft bildet eine Einheit, die in ihren Werten, symbolischen Ausdrucksformen und Zielsetzungen das Private mit dem Öffentlichen verbindet und dem einzelnen die Teilhabe an persönlicher »Behaustheit« ermöglicht. In diesem Spannungsfeld zwischen individuellen und gemeinschaftsbezogenen Bedürfnissen und Erwartungen gehört Freundschaft zum unteilbaren Bestandteil unseres Freundschafts-Selbst als Teil unserer Identität.

Die anspruchsvolle und weltumspannende soziale Utopie der Freundschaft stellt, jenseits aller gegensätzlichen historischen Erfahrungen, die zwischen den Völkern dar. Spätestens seit der französischen Revolution wird sie immer wieder als Menschheitstraum ausgerufen. In diese Zeit datieren die ersten bürgerlichen Verfassungen, die das moderne, an der Demokratie orientierte Völkerrecht der Neuzeit begründen. Konkrete Form nahm der Völkerrechtsgedanke im Völkerbund in Genf an, zu dem sich nach den verheerenden Erfahrungen des Ersten Weltkriegs 1920 mehr als 50 Staaten zusammenschlossen. Damit war es zum ersten Mal in der Geschichte gelungen, eine große Staatengemeinschaft zur Erhaltung des Weltfriedens und zur wirtschaftlichen und kulturellen Zusammenarbeit zu vereinen.

Die Hauptaufgaben des Völkerbundes lagen in der Mitwirkung an Friedensverträgen, in der friedlichen Schlichtung zwischenstaatlicher Konflikte, in dem Schutz von nationalen Minderheiten, in der Flüchtlingshilfe und in den Bemühungen um eine allgemeine Abrüstung. Diese humanitären Ziele zerbrachen unter den Schrecken des Zweiten Weltkriegs. Ohnmächtig musste der Völkerbund zusehen, wie die Achsenmächte Deutschland, Italien und Japan die Welt in ein Inferno verwandelten.

Aber der Gedanke der Völkerfreundschaft war unzerstörbar und stieg gestärkt aus der Asche empor. Bereits im Oktober 1945 trat die »Charta der Vereinten Nationen« in Kraft. Ab diesem Zeitpunkt ersetzte die UNO den Völkerbund. Bis auf nur drei Ausnahmen (DARS, Taiwan und Vatikanstadt) gehörten ihr bis 2004 alle übrigen 191 Nationen der Welt an, deren Vertreter in zahlreichen Unterorganisationen die »Erklärung der Menschenrechte« von 1948 in konkreten Handlungsfeldern umsetzen sollen: Wahrung des Weltfriedens und der internationalen Sicherheit, wirtschaftliche, soziale, kulturelle und humanitäre Zusammenarbeit, Schutz der Menschenrechte und Grundfreiheiten, Minderheitenschutz, Weltgesundheit, Bildung und Erziehung, internationale Gerichtsbarkeit, Entwicklungshilfe und Umweltschutz. Das umfassende Programm wurde 1970 in einer Resolution der UNO noch einmal in einer »Erklärung über völkerrechtliche Grundsätze für freundschaftliche Beziehungen und Zusammenarbeit zwischen den Staaten im Sinne der Charta der Vereinten Nationen« bekräftigt.[52]

Auch wenn die UNO vom Erreichen ihrer Ziele noch weit entfernt ist, und die weltpolitische Lage durch ungerechte Verteilungschancen, Armut, Hunger, Wirtschaftskrisen, Bürgerkriege, Bevölkerungsexplosion, die Gefahren einer kapitalistisch orientierten Globalisierung und die Ausweitung des internationalen Terrorismus in einem Dauerzustand der Destabilisierung zu verharren scheint, wird man diesem völkerrechtlichen Bündnis der Weltgemeinschaft ihr Bekenntnis zu »freundschaftlichen Beziehungen« als soziale Utopie nicht bestreiten können. Schließlich bedeutet ihre heroische Aufgabe nicht weniger, als die sehr tragische Hypothek des Menschen, seine archaische Neigung zum Freund-Feind-Denken zu neutralisieren und die ins Gesellschaftliche ausgeweitete Antinomie von Krieg und Frieden zu überwinden.

Trotz aller internationaler Bemühungen besteht innerhalb und zwischen vielen Staaten noch immer der Jakobinische Grundsatz »Und willst du nicht mein Bruder sein, so schlag' ich dir den Schädel ein«. Gerade zu Beginn diese Jahrhunderts verschafft sich, nachdem der Dualismus nach Beendigung des Kalten Krieges schon beinahe versöhnt schien, die These des ebenso bekannten wie umstrittenen Staatsrechtsgelehrten Carl Schmitt (1888-1985) wieder Gehör, nach der das Politische wesentlich aus dem Freund-Feind-Schema zu erklären sei. »Die spezifisch politische Unterscheidung, auf welche sich die politischen Handlungen und Motive zurückführen lassen, ist die Unterscheidung von Freund und Feind … Er (der Feind, H. P.) ist eben der andere, der Fremde, und es genügt zu seinem Wesen, dass er in einem besonders intensiven Sinne existentiell etwas anderes und fremdes ist, so dass im extremen Fall Konflikte mit ihm möglich sind, die weder durch eine im voraus getroffene generelle Normierung noch durch den Spruch eines »unbeteiligten« und daher »unparteiischen« Dritten entschieden werden können … Man kann jene Hoffnungen oder erzieherischen Bestrebungen teilen oder nicht: dass die Völker sich nach dem Gegensatz von Freund und Feind gruppieren, kann man vernünftigerweise nicht leugnen.«[53]

Die Formulierungen erinnern in beklemmender Weise an die damalige Ohnmacht des Völkerbundes und die heutige der UNO, als »unbeteiligte und unparteiische Dritte« die mit Kriegen durchgesetzten Hegemonialansprüche einiger Großmächte zu verhindern oder blutige innerstaatliche Konflikte zu schlichten. Auch korrespondiert die Auffassung Schmitts mit den sozialpsychologischen Erkenntnissen über die aggressive Dialektik zwischen dem »Eigenen« und dem »Fremden«, aus der die Spaltung in Freund und Feind entspringt. Ein klassisches Beispiel bilden soziale Gruppen, die sich zu engen Freundschaftsbündnissen zusammenschließen, wenn sie sich entweder durch andere Gruppen benachteiligt oder bedroht fühlen, oder wenn in der eigenen Gruppe Spannungen und Krisen ein innergruppales Spannungs- und Aggressionspotenzial erzeugen, das den Erhalt der Gruppe gefährdet. In beiden Fällen suchen oder erfinden sich solche Gruppen Außenstehende, die als »Fremde« ein ideales Feindbild abgeben, auf das die durch Frustration, Angst oder unbewältigte Konflikte entstandene Aggression umgelenkt werden kann.

Trotz solcher Erfahrungen kann man der fatalistischen Theorie von Schmitt nicht zustimmen, weil sie weniger von einem sozialpsychologischen als vielmehr von einem biosozialen Standpunkt ausgeht, der politisches Handeln auf ein unbeeinflussbares und unausweichliches Schicksal fixiert. Inner- und zwischenstaatliche Konflikte, das zeigt trotz aller Rückschläge die Geschichte der UNO, lassen sich auf vielerlei andere Weise lösen als durch die Produktion von Feindbildern mit ihren kriegerischen Folgen. Dabei stellt sozialpsychologisch die Völkerverständigung auf der Basis »freundschaftlicher Beziehungen« die heute einzig realistische Perspektive zur Überwindung des Freund-Feind-Denkens und zur Anerkennung des Fremden dar. Diese Vision aufzugeben, würde nicht nur den Verrat an einem universellen, sondern auch an einem individuellen Freundschaftsideal bedeuten.

Wenn einen oftmals auch ein Unbehagen überkommt, wie häufig Staatsmänner ihre persönlich »gute Freundschaft« untereinander und die Freundschaft zwischen den Nationen betonen, wie sehr ihre Bekenntnisse dabei an magische Beschwörungsformeln erinnern, um schon den Anschein von

Disharmonie zu vermeiden, so bereitwillig muß man diesen Gesten doch das Bemühen unterstellen, über die Brücke der persönlichen Freundschaft Freundschaft stiftend auf die grenzüberschreitende Annäherung und Verständigung der Nationen einzuwirken. Ernsthafte Zweifel sind nur da angezeigt, wo solche Freundschaftsbündnisse als Zweckgemeinschaften zur Abgrenzung von Nichtfreunden dienen, die im Konfliktfall leicht in die Rolle der Feinde geraten, und dies mit allen unabsehbaren Folgen. Nicht alle Staatsmänner können persönlich »gute Freunde« sein, aber alle sind an die »völkerrechtlichen Grundsätze für freundschaftliche Beziehungen und Zusammenarbeit zwischen den Staaten« gebunden.

5. Freundschaft mit der Schöpfung

»Am Anfang schuf Gott Himmel und Erde.« So beginnt die Schöpfungsgeschichte des Alten Testaments. Gott belebte sein Werk mit Sonne, Mond und Sternen, mit Tieren zu Wasser und zu Lande, mit Gräsern, Kräutern und fruchtbaren Bäumen, und mit Menschen nach seinem Ebenbild. »Und es war gut.« Der Kosmos war ruhig und jedes Wesen vermehrte sich auf seine Weise. Doch dann kam die Weisung des Herrn, die der Menschheit zum Fluch wurde: »Macht Euch die Erde untertan und herrscht über die Fische im Meer und die Vögel im Himmel und über alles Getier, das auf Erden kriecht.«[54]

Wie wörtlich wir die Weisung nahmen und wohin sie uns am Beginn des 21. Jahrhunderts gebracht hat, ist zu bedrückend und allgemeines Gesprächsthema, als dass es hier beschrieben werden müsste. Heute stellt sich nicht die Frage, wie wir die Erde weiter ausbeuten können – dazu reicht unser Wissen aus –, sondern wie wir uns mit der Schöpfung versöhnen, indem wir wieder gut machen, was wir ihr zugefügt haben, oder wenigstens ihre weitere Zerstörung verhindern. Die Frage erhebt sich angesichts der globalen Feindschaft zwischen Mensch und Natur und der erreichten Grenze, hinter der die Selbstzerstörung der Menschheit beginnt. Freundschaft mit der Schöpfung zu schließen, wird zu einem Anliegen des eigenen Überlebens.

Diese Freundschaft beginnt bei den ethischen Grundsätzen und den kleinen Veränderungen in der Beziehung zwischen Mensch und natürlicher Umwelt. In der abendländischen Geschichte gilt Franz von Assisi (1182–1226) als erster, der, quer zum Zeitgeist, die Verbrüderung des Menschen mit der Kreatur verkündete. Kurz vor seinem Tod verfasste er den poetischen »Sonnengesang«, einen der wenigen von ihm überlieferten Originaltexte, der als ein Meisterwerk der frühen italienischen Literatur gilt. Darin spricht er die Sonne, das Wasser und die Erde als »Schwestern«, Mond, Wind und Feuer als »Brüder« an. In vielen Legenden preist er die Vögel als seine »Geschwister« und den Wolf als »Freund«; er befreit Tiere aus der Gefangenschaft und schützt die Pflanzenwelt. Assisis Naturverständnis fand eine starke Resonanz in der Romantik und dann wieder im 20. Jahrhundert mit dem Aufkommen der Ökologiebewegung. In diesem Zusammenhang ernannte Papst Johannes Paul II Franziskus zum Patron des Umweltschutzes.[55]

Auf Franz von Assisi beruft sich auch Albert Schweitzer in seiner moralphilosophischen »Lehre von der Ehrfurcht vor dem Leben«, wenn er über ihn schreibt: »Für ihn waren die Tiere Mitgeschöpfe, mit denen er sich ohne Worte unterhielt und ihnen Liebe entgegenbrachte«.[56]

Auch in Schweitzers Lehre wird der Mensch zum »Bruder der Geschöpfe« und zum »Freund des Tierschutzes«. Aber wie Assisi denkt auch der Theologe, Arzt und Philosoph Schweitzer weit über den humanen Umgang mit der Tierwelt hinaus: »Durch die Ethik der Ehrfurcht vor dem Leben gelangen wir in ein geistiges Verhältnis zum Universum. Die Verinnerlichung, die wir durch sie erleben, verleiht uns den Willen und die Fähigkeit, eine geistige, ethische Kultur zu schaffen, durch die wir in einer höheren Weise als der bisherigen in der Welt daheim sind und in ihr wirken.«[57]

Das »Universum« meint die Einheit von belebter und unbelebter Natur (Erde, Wasser, Luft), die unsere Freundschaft erfordert, bevor ihre Rache für die erlittenen Zerstörungen noch verheerender ausfällt, als ihre heutigen Vorboten ahnen lassen. Immerhin werden ihre Mahnungen seit den letzten Jahrzehnten des vorigen Jahrhunderts ernst genommen und die soziale Utopie der Freundschaft mit der Schöpfung nimmt langsam Gestalt an.

Nach dem Beginn der Tierschutz- und Naturschutzbewegung im 19. Jahrhundert wuchs ab den siebziger Jahren des 20. Jahrhunderts als Antwort auf die globalen Gefahren der Umweltzerstörung die Ökologiebewegung heran. Jetzt bildeten die Tierfreunde und die Naturfreunde keine isolierten Randgruppen mehr, sondern gingen auf im Strom breiter ökopazifistischer Aktionsbündnisse, die immer größere Bevölkerungsschichten einschlossen. Nicht nur Tier- und Pflanzenarten, der gesamte Globus, so das Credo ihres ökologischen Humanismus, musste geschützt werden. Die Schöpfung brauchte diese Freunde. Ihr Druck auf die politischen und wirtschaftlichen Eliten führte zu einem Umdenken, das dem Schutz der Umwelt wachsende Priorität einräumte. Auf nationaler und internationaler Ebene wurde eine Flut von Gesetzen, Bestimmungen und Auflagen erlassen, die bereits heute in vielen Bereichen zu einer erkennbaren Verbesserung im ökologischen Sektor geführt hat. Die Ideen der alternativen Umweltgruppen haben sich inzwischen von der Basis bis in die höchsten Kreise internationaler Politik vorgearbeitet.

Den historischen Höhepunkt der Wende im Umweltbewusstsein brachte die bisher größte Weltumweltkonferenz der UNO 1992 in Rio de Janeiro, an der 15000 Vertreter aus 178 Nationen mitwirkten. Die Rio-Konferenz verabschiedete die »Agenda 21« , ein umfassendes und anspruchsvolles Handlungsprogramm für das 21. Jahrhundert. In ihm nimmt der Erhalt einer gesunden Umwelt durch eine nachhaltige Entwicklung umweltfreundlicher Maßnahmen und Technologien eine zentrale Stellung ein. Damals erging an alle Staaten die Aufforderung, die »Agenda 21« durch eine »lokale Agenda« zu konkretisieren, um die nationalen Erkenntnisse und Fortschritte im globalen Maßstab nutzbar zu machen. An anderer Stelle habe ich dazu geschrieben: »Wie auch immer man die Chancen der »Agenda 21« einschätzt, so ist unzweifelhaft, dass von dieser Idee fast revolutionäre Impulse ausgehen. Im Rahmen der komplexen Aufgabenstellung der »lokalen Agenda« entstand in den letzten Jahren in Kindergärten, Schulen, Jugendvereinen, kirchlichen Gruppen, Universitäten und Kunsthochschulen ein breites Spektrum an Arbeitsgruppen, Seminaren, Projekten, Aktionen und Zukunftswerkstätten, in denen Erwachsene, Kinder, Jugendliche und junge Erwachsene gemeinsam Einzelaspekte zu Fragen einer globalen Zukunftsgestaltung erarbeiten. Solche »Ideensteinbrüche« verbinden die Generationen zu engagierten Gemeinschaften, deren zündendes Engagement bis in das Alltagsbewusstsein jeder kleinen Gemeinde auszustrahlen beginnt.«[58]

Seit Rio haben die internationalen Konferenzen über Umweltfragen deutlich an Gewicht gewonnen. Auf ihnen werden Empfehlungen, Abkommen, Vorschläge und konkrete Schritte erarbeitet, die, trotz ihres häufigen Scheiterns und noch bestehender Meinungsverschiedenheiten, von der sozialen Utopie einer Versöhnung von Mensch und Natur getragen sind: Klimakonferenzen bis zum Abschluss des Kioto-Protokolls 1997, in dem sich die Industriestaaten zum ersten Mal zur überprüfbaren Reduktion ihrer Treibhausgasemissionen verpflichten, der »Jahrtausendgipfel« der UNO 2000, der »Weltgipfel in Johannisburg« 2002, Konferenzen zum Artenschutz, zur Artenvielfalt und zu »Ökosystemen«, darunter besonders die »UN-Konferenz 2004 zum Schutz der biologischen Vielfalt«, die den Aufbau eines weltweiten Netzes von Naturschutzgebieten und Naturparks beschließt, und zuletzt die »Renewables« (Erneuerungs-) Konferenz 2004 in Bonn, bei der 154 Staaten ein Aktionsprogramm zum Ausbau erneuerbarer Energien entwerfen.[59]

Ich habe die wichtigsten Entwicklungen und Initiativen zum Umweltschutz in den letzten Jahrzehnten zitiert, um die Fortschritte deutlich zu machen, an die wir lange Zeit nicht mehr glauben mochten. Bei aller kritischen Einschätzung der Lage leuchtet in ihnen die Hoffnung auf, dass die Menschheit den Wettlauf mit der Zeit gewinnen wird, und sich die Utopie der Freundschaft zwischen Mensch und Natur durch Besinnung, Mitgefühl und Verantwortung der Wirklichkeit nähert.

Die Gastfreundschaft, die wir nur für eine kurze Zeitspanne in dieser Welt genießen, können wir nicht weiter verraten, wir schulden ihr unsere Dankbarkeit.

Gedanken zum Abschluss

Das Buch endet mit den sozialen Utopien der Freundschaft. Es gibt noch andere Utopien – die Utopie der Liebe, die Utopie der Gerechtigkeit, die Utopie des Friedens und viele mehr. Utopien haben ein Doppelgesicht. Ihre Dynamik besteht in einem Wechsel von Regression und Progression. Regressiv sind Utopien insofern, als sie frühkindlich angelegte Urbedürfnisse nach Schutz, Geborgenheit und Liebe beschwören, die in gleicher oder sublimierter Form in der Wunschwelt des späteren Lebens wieder auftauchen. Aber Utopien wären unproduktiv, wenn sie in der Regression verharrten. Ihre Kraft schöpfen sie aus eben dieser Quelle, um sich Zukunft gestaltend eine Welt zu entwerfen, in der die Hoffnung auf Erfüllung lebenswichtiger Bedürfnisse nur durch aktives Handeln greifbar wird.

Dieses Kennzeichen der Utopie trifft sowohl für die privaten wie für die gesellschaftlichen Formen der Freundschaft zu. Vielleicht lässt sich so die widersprüchliche Klage des Sokrates enträtseln: »Oh Freunde, es gibt keine Freunde!«. Es gibt nie die letzte Erfüllung, es gibt nur den Weg dorthin. Sowohl in persönlichen Freundschaftsbindungen als auch bei der Verfolgung sozialer Freundschaftsutopien führt der Weg nicht nur über blühende Frühlingswiesen; auf ihm sind wir ganz gefordert, mit Herz und Verstand, mit Mut zum Abenteuer und Risiko, mit Ausdauer und der Bereitschaft, sich ganz auf ihn einzulassen. Nur dann wird der Weg uns immer ein Stück weiterführen und uns noch in den schroffsten Landschaften das Glück ahnen lassen, das im Gehen besteht.

Freundschaften sind Schutzwälle, Kraftzentren, Pole der Anziehung wie »Pech und Schwefel«, wie »ein Herz und eine Seele« und Modelle für menschliches Zusammenleben; mit Freunden kann man die Feste der Freude feiern und die Trauer über alles Unglück teilen, kann Fremdheit durch vertraut sein aufheben und die Lebensangst mildern. Aber im ständigen Wechsel von Symbiose und Individuation, von Abhängigkeit und Autonomie, durch den Freundschaft das eigene Wachstum vorantreibt, bleibt immer ein Rest an Einsamkeit, den auch die beste Freundin oder der beste Freund nicht ausfüllen können. Aber sie wären auch leichtsinnig, wenn sie uns das Paradies versprechen würden.

Anmerkungen

1 Merkens, A., a.a.O., S. 8. So referiert auch Dagmar Metzger in einer Studie über Freundschaften und fasst die Befunde zu Kinderfreundschaften so zusammen: »Für relativ junge Kinder sind momentane zufällige Begegnungen für einen Freund schon ausreichend. Ein »Freund« ist derjenige, mit dem man gerade spielt oder der in der Nähe wohnt.« Metzger, D., a.a.O., S. 15.
2 Die Unterscheidung von »gut« und »böse« wurde von der Kinderanalytikerin Melanie Klein in die psychoanalytische Theorie eingeführt. Nach ihrer Auffassung spaltet der Säugling in seinem Gefühlsleben die mütterliche Brust in eine »gute«, ewig spendende und sättigende, und in eine »böse«, sich versagende und frustrierende Brust. Die Urerfahrung des ständigen Wechsels von Befriedigung und Versagung wird in der späteren Entwicklung symbolisiert und dient zur grundsätzlichen Unterscheidung positiver und negativer Erlebnisse. In diesem Sinne sind im weiteren Text die Begriffe »gut« und »böse« zu verstehen.
3 Maccoby, E.E., 2000.
4 Krappmann, L., Oswald, H., 1992.
5 Deutsche Shell (Hg.): Jugend 2002, S. 142f
6 Dracker, S., Werner, B., a.a.O., S. 29
7 Dies., a.a.O., S. 39
8 Palmen, C., a.a.O., S. 6
9 Dies., a.a.O., S. 51
10 Dies., a.a.O., S. 61
11 Petri, H., 1994/2003.
12 Palmen, C., a.a.O., S. 61
13 Dies., a.a.O., S. 198f
14 Die Bilharziose ist eine in den Tropen und Subtropen verbreitete, von Saugwürmern in warmen Gewässern verursachte Krankheit, die im chronischen Stadium ganze Organsysteme zerstören kann (Haut, Magen-Darmtrakt, Leber, Nieren u.a.).
15 Seggelke, U.K., a.a.O., S. 102
16 Kast, V., a.a.O., S. 22
17 Ausnahmen bilden Frauenfreundschaften, die erst von der modernen Frauenforschung wieder entdeckt und bis ins 16. Jahrhundert zurückverfolgt wurden (vgl. Puff, H., 2001 und Schnegg, B., 2001).
18 Zylka, J., a.a.O., S. 116
19 Zum Heroischen in der antiken Freundschaftskultur vgl. Frenzel, E., Stichwort »Freundschaftsbeweis«, 1988 und Nötzoldt-Linden, U., a.a.O., S. 34-55.
20 Hollstein, W., a.a.O., S. 260
21 Ders., a.a.O., S. 259

22 »Die Siezfreunde«. DIE ZEIT Nr. 16 v. 7.4.2004
23 »Kumpel war ich nie«. DIE ZEIT Nr. 12 v. 11.3.2004
24 »Ich hätte ihn gern zum Freund«. Der Tagesspiegel Nr. 18425 v. 21.3.04
25 Freud, S., 1930, a.a.O., S. 468
26 Petri, H., 2004
27 Freud, S., 1921, a.a.O., S. 156
28 Ders., 1930, a.a.O., S. 462
29 Bloch, E., 1959, a.a.O., Bd. 3, S. 1130
30 Hörner, U., 1991, a.a.O., S. 11
31 Mulisch, H., 1998, a.a.O., S. 31
32 Nötzoldt-Linden, U., 1994, a.a.O., S. 121
33 Williams, T., Die Nacht des Leguan. 1963, Zitate aus dem Vorwort und den Seiten 77-87
34 Fromm, E., 1947, a.a.O., S. 131
35 Vgl. Anm. 3
36 Klein, M., Neid und Dankbarkeit, 1960, a.a.O., S. 178
37 Die Beschreibung der Freundschaft zwischen S. Freud und W. Fließ stützt sich weitgehend auf den Aufsatz von Lilli Gast, 2003, a.a.O. und auf S. Freud, 1962, a.a.O.
38 Freud, S., 1922, a.a.O., S. 195
39 Kast, V., a.a.O., S. 171
40 In dem Buch »Verlassen und verlassen werden« habe ich mich ausführlich mit der archetypischen Erfahrung der Trennung in den verschiedenen Lebenszyklen von der Geburt bis zum Tod beschäftigt und die einzelnen psychischen Phasen beschrieben, die jeder Mensch nach einer schweren Trennung durchläuft. Um Wiederholungen zu vermeiden, verzichte ich hier auf eine breitere Darstellung des Trennungsprozesses.
41 Es würde den Rahmen des Buches sprengen, diese Geschichte hier ausführlich nachzuzeichnen. Für interessierte Leser verweise ich auf das Hauptwerk von Aristoteles »Die Nikomachische Ethik«, insbesondere auf das 8. und 9. Buch; außerdem auf die Sammlung philosophischer Originaltexte von der Antike bis zur Gegenwart von Klaus-Dieter Eichler »Philosophie der Freundschaft«, auf Harald Lemke »Freundschaft. Ein philosophischer Essay« und eines der Hauptwerke von Jacques Derrida »Politik der Freundschaft«.
42 Derrida, J., 1999, a.a.O., S. 195
43 Lemke, H., a.a.O., S. 16
44 Deleuze, G., Guattari, F., 1996, a.a.O., S. 8; zitiert bei Lemke, H., a.a.O., S. 17
45 Benjamin, J., a.a.O., S. 217
46 Friedman, M., 1994, a.a.O., S. 197
47 Zitate aus Verband allein erziehender Mütter und Väter (Hg.), a.a.O., S. 6f

48 Foucault, M., 1984, a.a.O., S. 90; zitiert bei Ortega, F.G., 1995, a.a.O., S. 896
49 Friedmann, M., 1997, a.a.O., S. 236
50 In dem Buch »Der Verrat an der jungen Generation« habe ich im Zusammenhang mit der allgemeinen Wertedebatte die destruktiven gesellschaftlichen Entwicklungen und ihre sozialpsychologischen Folgen für die nachwachsenden Generationen beschrieben, die die Freundschaft zwischen den Generationen erschweren. Diese Kehrseite der Medaille klammere ich im vorliegenden Buch aus.
51 UNICEF, 1991, a.a.O. Darin findet sich der Wortlaut der »Konvention«, der »Deklaration« und des »Aktionsplans«.
52 UNO-Resolution 2625 (XXV) vom 24.10.1970
53 Schmitt, C., a.a.O., Zitate aus S. 175 und 178
54 Moses 1,28
55 Vgl. Dietrich, V.-J., 2003, a.a.O., besonders Seiten 64, 106 f. und 130
56 Schweitzer, A., 1988, a.a.O., S. 131
57 Ders., a. a. O., S. 21
58 Petri, H., 2002, a.a.O., S. 206
59 Vgl. Der Fischer Weltalmanach 2005, a.a.O., S. 677–702

Literatur

Aristoteles: Die Nikomachische Ethik. München 2002.

Auhagen, A.E. (2002): Freundschaft und Globalisierung. In: Harten-Quitmann, W., Kastner, P. (Hg.): Die Globalisierung der Intimität. Gießen 2002.

Benjamin, J. (1988): Die Fesseln der Liebe. Frankfurt/M. 1998.

Bloch, E. (1959): Das Prinzip Hoffnung. 3 Bände, Frankfurt/M. 1974.

Boszormenyi-Nagy, I., Spark, G.M. (1973): Unsichtbare Bindungen. Stuttgart 1981.

Deleuze, G.; Guattari, F. (1996): Was ist Philosophie? Frankfurt/M. 2001.

Der Fischer Weltalmanach 2005. Frankfurt/M. 2004.

Derrida, J. (1994): Politik der Freundschaft. Frankfurt/M. 2002.

Ders. (1999): Politik der Freundschaft. In: Eichler, K.-D. a.a.O., 179–200.

Deutsche Shell (Hg.). Jugend 2002. 14. Shell Jugendstudie. Frankfurt/M. 2002.

Dieterich, V.-J. (1995): Franz von Assisi. Reinbek 2003.

Dracker, S., Werner, B. (2004): Du bist wie ich, nur anders. Frankfurt/M.

Eichler, K.-D. (1999) (Hg.): Philosophie der Freundschaft. Leipzig 1999.

Foucault, M. (1984): Von Freundschaft als Lebensweise. In: Ders.: Von der Freundschaft. Berlin 1974.

Frenzel, E. (1988): Motive der Weltliteratur. Stuttgart 1999.

Freud. S. (1921): Massenpsychologie und Ich-Analyse. GW XIV, Frankfurt/M. 1963.

Ders. (1922): Über einige neurotische Mechanismen bei Eifersucht, Paranoia und Homosexualität. GW XIII, Frankfurt/M. 1963.

Ders. (1930): Das Unbehagen in der Kultur. GW XIV, Frankfurt/M. 1963.

Ders. (1950): Aus den Anfängen der Psychoanalyse 1887–1902. Briefe an Wilhelm Fließ. Frankfurt/M. 1962.

Friedmann, M. (1994): Feminismus und moderne Formen der Freundschaft: Eine andere Verortung von Gemeinschaft. In: Honneth, A. (Hg.): Pathologien des Sozialen. Frankfurt/M., 184–204.

Dies. (1997): Freundschaft und moralisches Wachstum. Dt. Z. f. Philosoph. 45, 237–248.

Fromm, E. (1947): Psychoanalyse und Ethik. GW Bd. 2, Stuttgart 1980.

Gast, L. (2003): Einheit und Spaltung. Zu den Metamorphosen einer Freundschaft. Jb. d. Psychanal. 47, 169–193.

Grefe, C. (2004): Freundschaft, die neue deutsche Welle. DIE ZEIT, Nr. 10 v. 26. 2.

Hollstein, W. (2001): Potent werden – Das Handbuch für Männer. Bern.

Hörner, U. (1999) (Hg.): Im Dreieck. Liebesbeziehungen von Nietzsche bis Duras. Frankfurt/M. 1999.

Dies. (1999): Die Seiten des Dreiecks. In: Dies., a. a.O., 9–14.

Kast, V. (1995): Die beste Freundin. Stuttgart 2003
Klein, M. (1960): Neid und Dankbarkeit. In: Dies.: Das Seelenleben des Kleinkindes. Stuttgart 1983, 177–191.
Krappmann, L., Oswald, H. (1994): Freunde, Gleichaltrigengruppen und Netze. In: Fölling-Albers, M. (Hg.): Veränderte Kindheit Veränderte Grundschule. Arbeitskreis Grundschule – Der Grundschulverband, Frankfurt/M.
Lamberts, B. (1999): Stimmungsverläufe in Freundschaften unter Erwachsenen. Beiträge zur Sozialpsychologie. Bd. 1, Frankfurt/M.
Lemke, H. (2000): Freundschaft: Ein philosophischer Essay. Darmstadt 2000.
Maccoby, E.E. (1998): Psychologie der Geschlechter. Stuttgart 2000.
Merkens, K. (2000): Kinderfreundschaften. Beiträge zur Welt der Kinder, Bd.7, Münster 1989.
Mulisch, H. (1992): Die Entdeckung des Himmels. Reinbek 1998.
Netzger, D. (1989): Was ist Freundschaft? Psychologie heute, H. 5, 14–15.
Nötzoldt-Linden, U. (1994): Freundschaft. Zur Thematisierung einer vernachlässigten soziologischen Kategorie. Opladen 1998.
Ortega, F.G. (1995): Foucaults letztes, unvollendetes Projekt: Eine Rehabilitierung der Freundschaft. Das Argument 37, H. 6, 893–903.
Palmen, C. (1995): Die Freundschaft. Zürich 1998.
Petri, H. (1991): Verlassen und verlassen werden. Stuttgart 2002.
Ders. (1994): Geschwister – Liebe und Rivalität. Stuttgart 2002.
Ders. (2002): Der Verrat an der jungen Generation. Welche Werte die Gesellschaft Jugendlichen vorenthält. Freiburg 2003.
Ders. (2004): Väter sind anders. Die Bedeutung der Vaterrolle für den Mann. Stuttgart 2003.
Puff, H. (2001): Von Freunden und Freundinnen. Freundschaftsdiskurs im 16. Jahrh. WerkstattGESCHICHTE 10, Bd. 28, 5–21.
Roché, H.-P. (1953): Jules und Jim. Frankfurt/M. 1983.
Schaefer, D. (1999). Gedankengänger. Lou Salomé, Friedrich Nietzsche, Paul Rée. In: Hörner, U. a.a.O., 41–63.
Schmitt, C. (1932): Freund und Feind. Auszüge aus: Der Begriff des Politischen. In : Eichler, K.-D., a.a.O., 175–178.
Schnegg, B. (2001): Gleichgestimmte Seelen. Empfindsame Inszenierung und intellektueller Wettstreit von Männern und Frauen in der Freundschaftskultur der Aufklärung. WerkstattGESCHICHTE 10, Bd. 28, 23–42.
Schweitzer, A. (1988): Die Ehrfurcht vor dem Leben. Grundtexte aus fünf Jahrzehnten. München 2003.
Seggelke, U.K. (2000): Männer über 50. Hildesheim 2000.
Dies. (2001): Freundinnen. Gemeinsam sind wir unschlagbar… Hildesheim 2001.
UNICEF (1992): Zur Situation der Kinder in der Welt. Dt. Komitee für UNICEF. Köln.

Verband allein erziehender Mütter und Väter, Bundesverband e.V. (2004) (Hg.): Allein erziehend. Tipps und Informationen. Berlin 2002.
Wiedemann, H.G. (1992): Plädoyer für Männer-Freundschaft. Stuttgart.
Williams, T. (1962): Die Nacht des Leguan. Frankfurt/M. 1963.
Zylka, J. (2003): 1000 neue Dinge, die man bei Schwerelosigkeit tun kann. Reinbek.